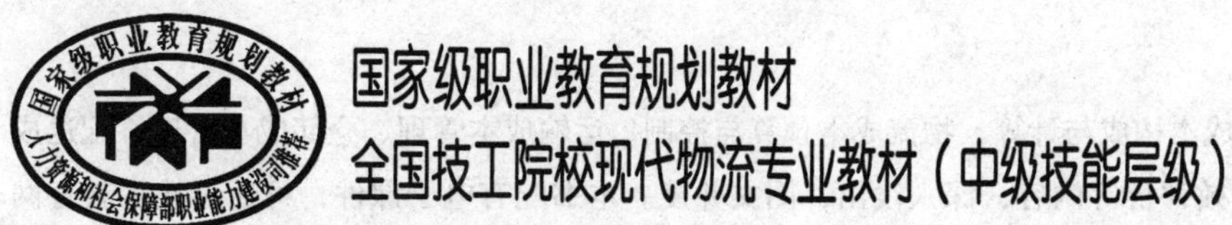

国家级职业教育规划教材
全国技工院校现代物流专业教材（中级技能层级）

物流成本管理基础

（第三版）

人力资源社会保障部教材办公室组织编写
周　珠　主编

中国劳动社会保障出版社

简 介

本书介绍了物流成本构成与计算、物流成本预算与控制、运输成本管理、仓储成本管理、配送成本管理、物流成本绩效评价等内容，深入浅出，图文并茂。本书配有电子课件，可通过技工教育网（http://jg.class.com.cn）下载。

本书由周珠任主编，魏江平、王希、谈奕参加编写。

图书在版编目（CIP）数据

物流成本管理基础 / 周珠主编. -- 3版. -- 北京：中国劳动社会保障出版社，2020
全国技工院校现代物流专业教材. 中级技能层级
ISBN 978-7-5167-4366-9

Ⅰ.①物… Ⅱ.①周… Ⅲ.①物流管理－成本管理－技工学校－教材 Ⅳ.①F253.7

中国版本图书馆 CIP 数据核字（2020）第 130448 号

中国劳动社会保障出版社出版发行
（北京市惠新东街 1 号　邮政编码：100029）

*

北京市艺辉印刷有限公司印刷装订　新华书店经销

787 毫米 ×1092 毫米　16 开本　9.75 印张　182 千字
2020 年 8 月第 3 版　2023 年 8 月第 2 次印刷

定价：19.00 元

营销中心电话：400-606-6496
出版社网址：http://www.class.com.cn
http://jg.class.com.cn

前　言

全国中等职业技术学校物流专业教材出版于2006年，并于2013年进行了首次修订和补充。近年来，随着经济的发展和技术的更新，物流行业已经进入新的发展阶段，物流企业对从业人员的知识水平和职业能力提出了更高的要求。为了适应这些变化，培养更加符合物流企业需求的中级技能人才，我们组织了一批教学经验丰富、实践能力强的一线教师和行业、企业专家，在充分调研的基础上，对现有教材进行了新一轮修订和补充。

本次修订和补充的教材包括《现代物流基础（第二版）》《物流设施设备（第三版）》《物流成本管理基础（第三版）》《商品检验与包装（第三版）》《采购基础知识与技巧（第三版）》《物流运输基础与实务（第三版）》《仓储基础知识与技能（第三版）》《配送基础知识与实务（第二版）》《物流信息技术（第二版）》《物流客户服务》《货物养护作业实务》和《叉车作业实务》。

本次教材修订和补充工作的重点主要体现在以下几个方面：

第一，突出教材的实用性。本着“学以致用”的原则，新版教材的结构和内容根据物流企业的工作实际进行了调整和更新，对操作性较强的课程，教材在编写中采用任务驱动或理实一体化的模式，突出对学生实际操作能力的培养。

第二，突出教材的先进性。新版教材根据物流行业的现状和发展趋势，尽可能多地体现新知识、新技术、新方法、新设备，以期缩短学校教育与企业岗位需求的距离，同时，严格执行国家最新技术标准。

第三，突出教材的易用性。新版教材充分考虑学生的认知规律，注重利用图表、实物照片和案例辅助讲解知识点和技能点，部分教材还配有操作视频，学生扫描相应二维码即可观看，为学生营造生动、直观的学习环境，激发学生的学习兴趣。同时，新版教材还配有电子课件，便于教师开展教学工作，提高教学效率。

本套教材的编写得到了有关省市教育部门、人力资源社会保障部门和一批职业院校的大力支持，教材编审人员做了大量的工作，在此，我们表示诚挚的谢意！同时，恳切希望广大读者对教材提出宝贵的意见和建议。

人力资源社会保障部教材办公室

目录

第一章　物流成本管理概述 …… (001)
第一节　物流成本 …… (001)
第二节　物流成本管理 …… (007)
第二章　物流成本构成与计算 …… (015)
第一节　物流成本构成 …… (016)
第二节　物流成本分类 …… (023)
第三节　物流成本计算 …… (026)
第四节　作业成本计算 …… (038)
第三章　物流成本预算与控制 …… (044)
第一节　物流成本预算 …… (045)
第二节　物流成本控制 …… (056)
第四章　运输成本管理 …… (069)
第一节　运输成本与运价 …… (070)
第二节　运输成本核算 …… (075)
第三节　运输成本优化与控制 …… (081)
第五章　仓储成本管理 …… (091)
第一节　仓储成本及其构成 …… (092)
第二节　仓储成本控制 …… (097)
第六章　配送成本管理 …… (109)
第一节　配送成本及其构成 …… (109)
第二节　配送成本核算 …… (112)
第三节　配送成本优化 …… (124)

第七章　物流成本绩效评价 ……………………………………………………（130）

第一节　物流成本绩效评价概述 ……………………………………………（130）
第二节　物流成本绩效评价指标体系 ………………………………………（134）
第三节　基于平衡计分卡法的物流企业综合绩效评价 ……………………（142）

第一章　物流成本管理概述

【引导案例】

降低物流成本，潜力巨大

据中国物流与采购联合会统计，2014 年至 2016 年，全社会物流总费用占国内生产总值（GDP）的比例分别为 16.6%、16%、14.8%，2017 年已降至 14.6%。近年来，我国物流成本水平总体呈下降趋势，然而，目前我国全社会物流总费用占 GDP 的比例不仅比美国、日本、德国等发达国家高出一倍左右，而且高于印度、巴西等金砖国家。

这意味着全社会创造同样规模的 GDP 和企业创造同样规模的产出，我国付出的物流费用代价更高。即便扣除产业结构因素，我国经济运行的物流成本较高、物流效率低、效益差的问题依然较为突出。从目前来看，我国社会物流总费用占 GDP 的比例如果能够达到美国 2010 年 8.3% 的水平，每年可新增经济效益 5 万多亿元。

统计显示，我国工商企业物流费用率从 2010 年的 8.8% 下降到 2015 年的 8.2%，企业物流运作效率和管理水平有所提升，但仍比日本高 3.6%。我国目前制造业生产成本中物流仍占 30% 左右，远高于发达国家的 10%～15%。一方面，要看到我国物流效率总体偏低，物流成本水平仍然偏高；另一方面，更要认识到现阶段降低物流成本具备巨大的潜力和空间。不仅如此，物流效率的提高能够最大限度地降低企业和社会经济整体运行成本。

思考：物流总费用占 GDP 的比例一直是物流业发展质量的重要衡量指标，往往下降 1% 意味着节省了数千亿元的成本。要进一步降低物流总费用占 GDP 的比例，可以从哪些方面考虑？

第一节　物流成本

国家标准《物流术语》（GB/T 18354—2006）对物流成本的定义是：物流活动中所

消耗的物化劳动和活劳动的货币表现。即产品在实物运动过程中，如包装、运输、储存、流通加工、物流信息等各个环节所支出的人力、物力和财力的总和。物流成本是完成各种物流活动所需的全部费用。

物流长期以来被称为企业的第三大利润源，在不少企业中，物流成本在企业销售成本中占了很大的比例，因此，加强对物流活动管理的关键是控制和降低企业各种物流费用。在市场经济条件下，低成本、高效益是企业物流的经营目的。现代企业物流运作的本质是资产经营，资产经营必须高度重视物流成本。

一、物流成本的特征

1. 系统性

物流成本产生于企业从事物资流动业务所耗费的资源，企业的物资流动贯穿于企业的整个生产过程，随之发生的物流成本虽然分布于各个职能部门，但是从物资流动的整体性观点来看，企业的物流成本系统实际上是由采购、生产、销售等子系统的物流成本共同构成。从系统的角度来看，各物流系统职能间的物流成本关系往往存在此消彼长的现象，单独强调某个职能子系统的成本降低，并不一定能保证系统运行总成本的降低。因此，物流成本具有系统性特征。企业必须站在整体的角度对系统运行进行协调和整合，才能达到控制物流成本的目的。

2. 复杂性

物流费用的构成复杂，它不仅涉及企业运营的多个环节，而且各个环节中的费用组成多样化，既有人工费、管理费，还有设施、设备、器具的折旧费、维护费和资本利息等。由于现代物流管理离不开信息处理，物流信息处理费用也是物流成本组成的重要部分。

3. 隐含性

物流成本的隐含性是指物流成本费用项目未单独列出而隐含在其他费用项目中，企业难以准确把握实际物流成本。形成物流成本隐含性的原因主要有以下三个方面。一是由于物流活动分散在企业各个功能部门之中，物流成本的计算范围很大，计算环节、对象和种类很多，不易被人们清楚地认识和理解。二是由于现行会计制度都是以产品为核心进行成本核算，将物流活动发生的成本归入各职能部门。现行企业财务会计中所记载的运输、保管等相关物流费用只是物流成本很小的一部分，因此在损益表中所能看到的企业物流成本在整个销售额中只占极小的比重，还有大量的企业物流成本被现存的会计记账方法所掩盖，这给人们全面认识企业物流成本带来了很大的难度。三是由于迄今还没有找到普遍适用的物流成本核算方法标准，用不同的核算方法核算企业的物流成本，结果差别很大，对物流成本的统计有分歧、不完整，这也模糊了人们的认识。

4. 二律背反性

物流活动中各种费用的变化模式常常表现出互相冲突的特征，即“二律背反”状态。这种现象的出现往往会导致整个物流系统效率的损失，如果不加以重视，最终会损害物流系统功能要素的整体效益。

5. 战略性

物流成本具有战略性，是既能提供成本优势又能提供价值优势的管理领域之一。高效合理的物流管理既能够降低企业经营成本，又能为客户提供优质的服务，属于企业战略管理范畴。物流成本的大小往往与企业所实施的竞争战略有关，例如，销售环节所发生物流成本的规模往往与企业为客户提供物流服务水平的高低有关，为客户提供物流服务水平的高低是由企业实施的营销战略决定的。物流成本控制的目的不是单纯地强调物流成本绝对值的降低，而是要通过寻求物流服务与物流成本之间的最佳平衡点，使物流活动达到合理化。

6. 削减的乘数效应

乘数效应是指由于自变量改变而导致因变量最终呈倍数级剧烈变动的各种现象。企业物流系统成本削减的乘数效应是指物流系统成本的节约等价于企业总收入的倍数增加。例如，一家企业的年销售额为 5 000 万元，物流成本占年销售额的 10%，就是 500 万元。这就意味着，只要降低 10% 的物流成本，就等于增加了 50 万元的利润。如果这家企业的销售利润率为 8%，则创造 50 万元的利润需要增加 625 万元的销售额，这是相当困难的，降低 10% 的物流费用比增加 625 万元的销售额容易办到。这说明物流成本的下降能够产生极大的效益。

二、影响物流成本的因素

1. 竞争性因素

企业所处的市场环境充满了竞争，企业之间的竞争除了产品的价格、性能、质量的竞争外，从某种意义上讲，优质的客户服务是决定竞争成败的关键。高效的物流系

统是提高客户服务水平的重要途径。如果企业能够及时可靠地提供产品和服务，则可以有效地提高客户服务水平，这都依赖于物流系统的合理化。客户服务水平直接决定物流成本的高低，因此物流成本在很大程度上是随着日趋激烈的竞争而不断发生变化的，企业必须对竞争做出反应。

2. 产品因素

产品的特性不同也会影响物流成本，主要有以下几个因素。

（1）产品价值

产品价值的高低会直接影响物流成本的高低。随着产品价值的增加，每一项物流活动的成本都会增加，运费在一定程度上反映货物移动的风险。一般来讲，产品的价值越高，对所需使用的运输工具要求越高，仓储、库存和包装成本也会随之增加。

（2）产品密度

产品密度越大，相同运输单位所装的货物越多，运输成本就越低；同理，仓库中存放的货物越多，库存成本就越低。

（3）产品废品率

影响物流成本的一个重要方面是产品的质量，即产品废品率的高低。生产高质量的产品可以杜绝因次品、废品等回收、退货而发生的各种物流成本。

（4）产品破损率

破损率较高的产品即易损性产品，它对物流成本的影响是显而易见的。易损性产品对物流各环节（如运输、包装、仓储等）提出了更高的要求。

（5）特殊搬运

有些物品对搬运提出了特殊的要求。例如，搬运特长、特大物品需要特殊的装运工具，有些物品在搬运过程中需要加热或制冷等，这些都会增加物流成本。

3. 环境因素

环境因素包括空间因素、地理位置及交通状况等，主要指物流系统中企业制造中心或仓库相对于目标市场或供货点的位置关系。若企业距离目标市场太远，交通状况较差，就会增加运输及包装等成本。若企业在目标市场建立或租用仓库，也会增加库存成本。因此，环境因素对物流成本的影响是很大的。

4. 管理因素

管理成本与生产和流通虽然没有直接的数量依存关系，却直接影响着物流成本的高低，而节约办公费、水电费、差旅费等管理成本相应可以降低物流成本总水平。另外，企业利用贷款开展物流活动，必然要支付一定的利息（如果是自有资金，则存在机会成本问题），资金利用率的高低影响利息支出的高低，从而影响物流成本的高低。

三、物流成本相关理论学说

学术界对物流、物流管理和物流成本的研究已有几十年的历史。目前，关于物流成本的理论学说主要有“黑大陆”学说、“物流冰山”学说、“第三利润源”学说、“效益背反”理论等。

1.“黑大陆”学说

由于物流成本在会计核算中被分别计入了生产成本、管理费用、营业费用、财务费用和营业外支出等项目，这样，在损益表中所能反映的物流成本在整个销售额只占很小的比重，因此物流的重要性就不容易被认识到，这是物流成本被称为“黑大陆”的原因，这一理论学说也被称为“黑大陆”学说。该理论反映出人们早期虽然对物流的理论研究还不成熟，但已经开始注意到企业物流活动的模糊性。

2.“物流冰山”学说

“物流冰山”学说是日本早稻田大学的西泽修教授提出的。他在研究物流成本时发现，现行的财务会计制度和会计核算方法都不能掌握物流费用的实际情况，因而人们对物流成本的了解几乎是一片空白，甚至有很大的虚假性，他把这种情况称为“物流冰山”。他认为物流成本像一座冰山，人们看到的不过是物流成本的一部分，沉在水面以下的大部分是人们看不清的隐性物流成本，如图 1–1 所示。

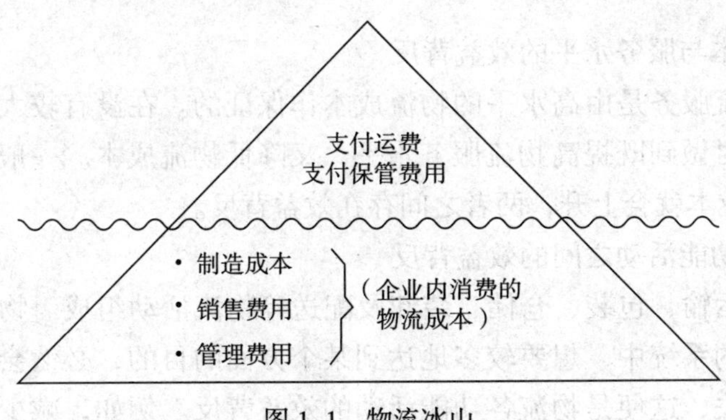

图 1–1　物流冰山

3.“第三利润源”学说

“第三利润源”学说将企业的发展战略与企业物流活动所具备的潜力相联系，以发

展的眼光认识物流成本管理在企业整体发展战略中的重要性。

企业的第一利润源在于降低资源的消耗。最初是采用廉价原材料、燃料等手段，其后发展为依靠科技进步节约消耗、废物回收利用、人工合成资源等现代化方式获取高额利润。

企业的第二利润源主要是降低人力资源的消耗。最初的方式是依靠廉价劳动力，其后是依靠科技进步提高劳动生产效率，采用机械化、自动化生产方式降低人力资源的耗用，从而降低成本，增加利润。

然而，由于企业间综合竞争加剧、全球化进程加快等原因，如今企业对前两个利润源的潜力挖掘日益困难，而物流成本在企业综合成本中具有较大的比重，因此物流领域的潜力挖掘开始受到人们重视，被称为“第三利润源”。该理论要求企业在进行物流成本管理时，必须合理组织企业内部的作业链，力求在保证企业整体战略实施的基础上，使物流活动的各环节、要素处于最优状态。从“第三利润源”学说中，人们应该认识到物流可以成为“利润中心”，有效的物流服务可以给接受物流服务的生产企业创造更好的盈利机会，进而降低整个社会的运营成本。

4.“效益背反”理论

“效益背反”又称为“二律背反”。“效益背反”理论是指物流活动的若干功能要素间存在着相互矛盾的现象，某个功能要素的优化必须以牺牲另一个或几个功能要素的效益为前提。这种现象往往导致整个物流系统效率的降低，如果不加以重视，最终会损害物流系统功能要素的整体效益。

物流系统的效益背反包括物流成本与服务水平的效益背反和物流各功能活动之间的效益背反。

（1）物流成本与服务水平的效益背反

高水平的物流服务是由高水平的物流成本作保证的。在没有较大技术进步的情况下，企业很难同时做到既提高物流服务水平，又降低物流成本。一般来讲，提高物流服务水平，物流成本就会上升，两者之间存在效益背反。

（2）物流各功能活动之间的效益背反

现代物流由运输、包装、仓储、装卸及配送等物流活动组成。物流的各项活动处于一个相互矛盾的系统中，想要较多地达到某个方面的目的，必然会使另一方面的目的受到一定的损失，这便是物流各功能活动的效益背反。例如，减少物流网络中仓库的数目并减少库存，必然会使库存补充变得频繁，从而增加运输的次数；简化包装虽可降低包装成本，但由于包装强度的降低，在运输和装卸过程中破损率会增加，且在仓库中摆放时亦不可堆放过高，降低了保管效率；将铁路运输改为航空运输，虽然增加了运费，却提高了运输速度，不但可以减少库存，还降低了库存费用。

所有这些都表明，在设计物流系统时，要综合考虑各方面因素的影响，使整个物流系统达到最优，任何片面强调某种物流功能的企业都将会蒙受不必要的损失。由此可见，物流系统就是以成本为核心，按最低成本的要求，使整个物流系统最优化。它强调调整各要素之间的矛盾，把它们有机地结合起来，使成本变为最低，以追求和实现部门的最佳效益。

5. 其他物流成本学说

（1）“服务中心”理论

该理论认为企业进行物流成本管理并不能一味地强调节约消耗、降低成本，而应立足于在保持和提高企业对客户的服务水平的基础上，寻求物流成本与服务之间的平衡点，保持企业的竞争优势。该理论对物流的描述采用“后勤”一词，强调发挥物流活动的保障职能，通过对企业竞争优势与能力的培育，从整体上压缩企业的综合成本。

（2）“供应链”理论

随着信息技术的高度发展、企业物流环境的变化和全球化采购浪潮的兴起，企业间的竞争日益加剧，企业战略的制定与管理要求企业摒弃狭隘的内部管理观念，必须着眼于产业链构成与变化。由此，供应链的概念逐步形成。“供应链”理论采用系统化、整体化的观点与方法对企业的物流进行管理，认为决定企业竞争成败的关键在于企业所处供应链整体运转效率的高低。因此，对物流成本的管理强调必须摒弃单个企业物流成本最小化的观念，而应从整个供应链的角度出发，寻求供应链整体成本的最小化。

（3）“物流成本中心”理论

这种理论认为物流在整个企业的战略中只是对企业营销活动的成本发生影响，物流活动是企业成本发生的重要环节。因此，对物流成本的管理主要是通过一系列的有效途径对物流活动进行管理，以达到抑制物流成本的目的。这种理论的局限性在于没有认识到物流在企业整体战略中的重要性，一味强调降低物流成本，势必影响企业整体战略的实施。

第二节　物流成本管理

物流成本管理就是对物流成本进行计划、分析、核算、控制与优化，以达到降低物流成本的目的。简而言之，物流成本管理就是对物流活动发生的相关费用进行计划、协调与控制。

物流成本管理是围绕成本去管理物流，管理的对象是物流而不是成本，物流成本管理可以说是以成本为手段的物流管理方法。

物流成本管理的意义在于，通过对物流成本的有效把握，利用物流要素之间的效益背反关系，科学、合理地组织物流活动，加强对物流活动过程中费用支出的有效控制，降低物流活动中的物化劳动和活劳动的消耗，从而达到降低物流总成本，提高企业和社会经济效益的目的。

一、物流成本管理的内容

物流成本管理是一个成本管理体系，具体内容包括物流成本分析模块、物流成本决策模块和物流成本控制模块。

1. 物流成本分析模块

物流成本分析模块主要包括物流成本核算和物流成本分析，是物流成本决策和物流成本控制的基础。

（1）物流成本核算

物流成本核算是根据企业确定的成本计算对象，采用相应的成本计算方法，按规定的成本项目，将一系列的物流费用进行归集与分配，从而计算出各物流活动成本计算对象的实际总成本和单位成本。物流成本核算可以如实地反映生产经营过程中的实际耗费，同时，它也是控制各种物流活动费用实际支出情况的过程。

（2）物流成本分析

物流成本分析是在物流成本核算及其他有关资料的基础上，运用一定的方法，揭示物流成本水平的变动，进一步查明影响物流成本变动的各种因素。通过物流成本分析，人们可以提出积极的建议，采取有效措施，合理地控制物流成本。

2. 物流成本决策模块

物流成本决策模块包括物流成本预测、物流成本决策和物流成本计划。

（1）物流成本预测

所谓预测是指采用科学的方法预计和推测客观事物未来发展的必然性或可能性。物流成本预测是运用一定的技术方法，对未来的成本水平及其变动趋势做出科学的估计，如运输成本预测、库存成本预测等。

（2）物流成本决策

物流成本决策是指为了实现目标物流成本，在物流成本预测的基础上，结合其他有关资料，运用一定的手段、方法，进行计算和判断，比较各种可行方案在不同状态下的物流成本，或将预测的物流成本与收益进行比较，从中选定一个技术上先进、经济上合理的最佳方案的过程。

（3）物流成本计划

物流成本计划是指根据物流成本决策所确定的方案、计划期的生产任务、降低成本的要求以及有关资料，通过一定程序，运用一定方法，以货币形式规定计划期物流各环节耗费水平和成本水平，并提出保证成本计划顺利实现所采取的措施。

3. 物流成本控制模块

物流成本控制模块主要包括物流成本控制和绩效评价。该模块的作用是根据物流成本计划和控制过程中的实时信息反馈，及时调整控制手段，保证计划的实施。

（1）物流成本控制

物流成本控制是指物流企业在整个经营过程中，按照既定的目标对构成物流成本的一切耗费进行严格计算、调节和监督，及时揭示偏差，并采取有效措施纠正不利的差异，发展有利的差异，使物流实际成本被控制在预定的目标范围之内。

（2）绩效评价

绩效评价是对物流活动实施分权管理，把整个物流过程划分为各种不同形式的责任中心，明确其权责及其业绩计量和评价方式，建立以各个责任中心为主体，责、权、利相统一的机制，通过信息的积累、加工、反馈，形成物流系统内部严密的控制系统。绩效评价系统对设计或改善物流系统是非常关键的。

二、物流成本管理的要点

要加强物流成本管理，降低物流成本总水平，就必须把以下几个方面的工作落到实处。

1. 确定成本管理对象

物流成本管理的前提是确定成本管理对象，每一个企业可以根据本企业的性质和管理的需要确定物流成本管理对象。

2. 制定成本标准

（1）按成本项目制定成本标准

按与物品流转额的关系不同，企业内部每一物流成本项目可以分为相对固定成本和可变成本。对于相对固定成本项目（如折旧费、办公费等），可以以本企业历年成本水平或其他企业（能力及规模与本企业相当）的成本水平为依据，再结合本企业现在

的状况和条件，确定合理的成本标准。对于可变成本项目，则着重考虑近期及长远条件和环境的变化（如运输能力、仓储能力、运输条件及国家的政策法令等），制定成本标准。

（2）按物流功能制定成本标准

不论是运输、保管还是包装、装卸成本，其水平的高低均取决于物流技术条件和基础设施水平。因此，在制定物流成本标准时应结合企业的生产任务、流转流通数量及其他相关因素进行考虑。

（3）按物流过程制定成本标准

按物流过程制定成本标准是一种综合性的技术要求，要全面考虑物流的每个过程，既要以历史成本水平为依据，同时又要充分考虑企业内、外部因素的变化。制定这种成本标准需要多种技能相结合。

3. 实行预算管理

成本标准确定后，企业应充分考虑其财力状况，制定出每一种成本的资金预算，确保物流活动的正常进行。同时，企业应按照成本标准进行定期与不定期检查、评价与对比，以求控制物流活动和成本水平。

4. 实行成本责任管理制度

物流成本遍布社会再生产的每一环节和过程，同样，企业的每一环节和过程也都要发生物流成本。要想管理好物流成本，除了制定成本标准外，还需在物流部门、生产部门和销售、管理部门实行责任制，实行全过程、全人员成本管理，明确各自的权利和责任。具体方法及步骤如下：

（1）分解落实物流成本指标

不同的物流部门负担着不同的物流成本。企业要按物流成本发生的环节将物流成本分解到一定部门，落实其降低物流成本的责任，并按成本的可控性检查该部门物流成本降低情况，作为评价其成绩的依据。

（2）编制记录、计算和积累有关情况的报告

每一物流部门都应将其负担的物流成本进行记录、计算和积累，并定期编制业绩报告，形成企业内部完整的物流成本系统。

（3）建立成本反馈与评价系统

一定期间结束后，企业应将每一部门发生的物流成本实际支付结果与预算（标准）进行对比，评价该部门在成本控制方面的成绩与不足，确定奖励还是惩罚。

5. 合理进行技术改造

合理进行技术改造是指在进行技术及设备引进时要考虑其经济性，尽管先进的运输、包装、装卸技术必然能降低物流成本，但先进技术方法的运用也必然具有较高的成本。因此，以经济和技术相结合选择运输工具、包装材料及装卸工具，也是降低物流成本总水平的一个重要方面。

三、物流成本管理的模式

1. 成本效益模式

成本效益模式可以通俗地表述为“为了省钱而花钱”的思想，即为了长期地、大量地削减开支而支出某些短期看来高昂的费用。例如，引进新型自动分拣设备、建设智能化仓库可能导致一笔较大的支出，但在今后设备使用期间，因设备利用效率提高而增加的产出，加上设备维修费用的降低，在抵补支出之外仍有剩余，总体效益由此得到了提高。

2. 成本节省模式

成本节省模式是成本降低的一种初级形态，即力求在工作现场不消耗无谓的成本并改进工作方式，节约将发生的成本支出，是一种有组织、有计划地运用各种方法降低企业内各项成本的措施。

成本节省不是一项临时措施，而是一个提高企业生产力的持续过程。成本节省一般表现为成本维持和成本改善两种执行形式。

（1）成本维持

物流成本维持即从日常物流作业中消除不必要的物流浪费，提高作业环节的效率。物流成本维持可以采取以下措施：

1）在库存成本方面可以维持合理库存量，提高保管效率，防止偷盗、毁损。

2）在运输成本方面可以通过商物分流缩短运输距离，减少运输次数，提高车辆装载率，选择最佳运输方式，开展集运、直运、共同运输等。

3）在包装成本方面可以使用价格便宜的包装材料，推进包装作业机械化、标准化，回收利用旧包装等。

4）在装卸成本方面可以减少装卸次数，推进装卸作业灵活化、省力化，利用信息引导系统等。

（2）成本改善

物流成本改善即通过规模经济效益和学习效益，扩大经营规模，提高劳动效率，降低单位成本。

成本节省贯穿于物流活动的全部领域和整个过程。为了成本维持和成本改善，在日常工作中需要对各环节的物流工作予以关注和思考，这样才能发现问题并加以改进。

3. 成本避免模式

从物流的源头来控制成本，避免一些成本的发生，就形成了成本避免模式（或称成本免除模式），这可视为成本降低的高级模式。其基本思想是立足于预防，即早期避免成本的发生，如从物流据点的选址、物流功能的规划等避免一些成本的发生。

“零基预算法”可认为是成本避免模式的先驱。该方法在对任何一项支出做预算时，不考虑历史的或现实的费用水平，一切以零为起点，重新独立地分析支出项目的必要性和数额大小，借此避免不合理费用的继续存在。

4. 物流质量管理模式

物流质量是物流对象质量、物流手段质量、物流方法质量、物流服务质量和物流工程质量的总和。

物流质量管理是用经济的方法向客户提供满足其要求的物流质量的方法与手段体系。完善的物流质量管理可以提高顾客对服务的满意度，增强顾客信任感和忠诚度；可以为企业赢得市场，扩大经营规模，从而为降低成本创造良好的条件；可以减少物流过程的消耗，逐步消除各种差错事故，提高物流效率。

5. 供应链管理模式

供应链是指围绕核心企业，通过对信息流、物流和资金流的控制，从采购原材料到产品送到消费者手中的全过程，即将供应商、制造商、分销商、零售商直至最终用户连成一体的功能网链结构模式。供应链管理是指对整个供应链系统进行计划、协调、控制和优化，其本质目标是将合适的产品或服务（Right product or service）按照合适的状态与包装（Right condition and packaging），以合适的数量（Right quantity）和合适的成本费用（Right cost），在合适的时间（Right time）、合适的地方（Right place）送到合适的客户（Right customer），即“7R”，并使总成本最小。应用供应链管理模式，就是要重组供应链业务流程，改善和改进供应链。

通过改进与下游商家的合作关系，企业能对市场变化做出快速、正确的反应，减少不适销商品库存，掌握商品销售动态，消除过剩库存。企业与上游商家合作，可保证原材料供应，减少原材料库存，最终减少与之相关的运输、装卸搬运等物流成本。

总之，改进供应链关系可减少经营风险，降低物流成本。

知识链接

供应链联盟是指基于一定的市场需求，以降低总成本和提高整体效率为目标，供应链各成员企业通过信息共享，按照优势互补原则所形成的可快速重构的动态组织。

6. 物流外包模式

物流外包是企业为了获得比单纯利用内部资源更多的竞争优势，将其非核心业务交由合作企业完成的一种物流经营方式。物流外包的企业首先必须确定企业的核心竞争力，并把企业内部的智能和资源集中在那些具有核心竞争力的活动上，然后将剩余的其他业务活动外包给其他企业。

由于物流企业的专业性，它们往往能提供比本企业自营物流更好的服务，且花费更低的成本。物流外包不失为降低成本的有效手段。

知识链接

物流业务外包即制造企业或销售企业等为集中资源、节省管理费用、增强核心竞争能力，将其物流业务以合同的方式委托给专业的物流企业（第三方物流）运作。外包是一种长期的、战略的、相互渗透的、互利互惠的业务委托和合约执行方式。

物流业务外包是企业业务外包的一种主要形式，也是供应链管理环境下企业物流资源配置的一种新形式，完全不同于传统意义上的外委、外协，其目的是通过合理的资源配置，发展供应链，打造企业的核心竞争力。其动因体现在：集中精力发展核心业务，加快企业重组，降低企业成本，利用外部资源，实现信息共享与风险分担。

思考练习题

1. 什么是物流成本？
2. 物流成本有哪些特征？
3. 影响物流成本的因素有哪些？
4. 物流成本管理的内容有哪些？
5. 如何理解“物流冰山”学说？

案例分析

降低物流成本，获得竞争优势

自1962年管理大师彼得·德鲁克在美国《财富》杂志上发表《经济的黑暗大陆》一文，近几十年来，不论学术界或产业界，无不承认物流管理对企业竞争力的贡献。物流成本通常被认为是业务工作中的最高成本之一，仅次于制造过程中的材料费用或批发、零售成品的成本。以美国为例，物流成本等于销售费用的50%；产品的直接劳动成本已不足全部成本的10%，全部生产过程中只有5%的时间直接用于加工制造，95%的时间用于储存、运输等物流过程。因此，充分发挥物流的作用能为企业带来更多的盈利空间。在一家典型的企业中，全部库存的30%处于采购阶段，30%处于生产阶段，40%处于配送阶段。

发达国家的企业界对现代物流高度重视。在北美，有50%的企业领导者把供应链计划纳入其总体规划，并认识到物流的发展必须依靠全球化、信息技术和一体化。资料表明，发达国家连锁企业的统一配送率在80%左右。

美国的沃尔玛、凯玛特和标靶三大零售商运用规模经济的原理，即配送中心的联合采购和仓储式门店计划，通过降低商品流通成本和采用低价策略加快商品周转率，提高企业竞争力。在服装业方面，典型的有德国的阿迪达斯公司，该公司通过对原有简陋仓库的改造，在德国建立了一个现代化的大型配送中心，为企业在全欧洲和中东的销售提供配送服务，物流配送的效率与经济效益大大提高。而耐克公司则对其在欧洲的两个小型配送中心进行改造，在比利时重新建立了一个大型的现代化配送中心，提供耐克公司产品在欧洲的配送业务。

一方面，大多数企业惊异于物流成本在经营成本中的比例之高，并由此想方设法深刻理解物流成本的内容及如何降低物流成本；另一方面，许多企业同时着眼于提升其自身的物流能力，以获取竞争优势。纵观世界500强企业，它们都拥有世界一流物流系统，通过向客户提供优质服务获得竞争优势。这是因为，物流是作为一种能力在企业内部及企业间进行定位的，它能够对创造客户价值的一般过程做出贡献。

分析案例并回答下列问题：

1. 物流成本包括哪些内容？
2. 物流成本为什么会有如此重要的作用？

第二章 物流成本构成与计算

【引导案例】

某家电生产企业物流成本核算对象的确定

某家电生产企业拥有四个产品事业部，分别是电视机事业部、电冰箱事业部、洗衣机事业部和空调事业部。四个事业部的产品统一由销售公司销售。销售公司同时全面负责销售物流的组织与管理，整个企业的销售物流成本没有进行单独核算。目前，为了加强物流管理，适应商流与物流分离的发展趋势，企业提出把销售物流职能从销售公司中分离出来，成立单独的物流公司，由物流公司以第三方物流的形式开展公司的销售物流业务。

考虑到销售物流与各个事业部及销售公司都有关系，财务经理针对物流成本的核算对象问题征求了各事业部和销售公司有关领导的意见。各事业部领导认为，物流成本的核算应该以各个事业部作为核算对象，也就是说应该分别核算电视机、电冰箱、洗衣机和空调四类产品的物流成本，以利于各事业部的内部利润核算和绩效考核。而销售公司领导认为，为了更好地对下属销售分公司进行管理控制，物流成本的核算应该以各个分公司（地域）作为核算对象，分别核算各区域的物流成本。负责营业费用会计核算的会计人员则认为，由于目前的营业费用是按照人工费、材料费、折旧费、差旅费、办公费等费用项目进行核算的，因此物流成本的核算口径应该与之相对应，也就是按照费用项目来进行核算，这样才更有可操作性，否则，难度会比较大。

财务经理拜访了一位物流成本管理专家，专家听了上述情况之后，向财务经理说了下面一番话："物流成本核算对象要根据企业管理的要求来确定。如果通过对各区域分公司物流成本的绩效考核进行物流成本的控制，那么就应该以区域作为物流成本核算对象；如果企业要完善事业部制度，加强事业部的内部利润考核，就应该以各事业部作为物流成本核算对象；如果企业要完善物流系统，就最好以物流功能（即运输、仓储、配送、装卸搬运等）作为成本核算的对象。总而言之，物流成本核算对象要根据企业自身的管理要求确定。确定了物流成本核算对象之后，物流成本核算方法的选择就简单了。你是财务经理，核算方法的选择对你来说应该不是难题。”

思考：企业物流成本核算对象的确定是进行物流成本核算与分析管理的起点，该公司财务经理应如何确定物流成本的核算对象？

第一节 物流成本构成

研究不同领域、不同环节物流成本的构成，既是物流成本核算的需要，也是物流成本分析管理的需要。站在宏观角度研究物流成本时，称之为社会物流成本；站在微观角度研究物流成本时，称之为企业物流成本。在我国，物流成本的构成包括社会物流成本和企业物流成本两部分。

一、社会物流成本

社会物流成本是指一个国家在一定时期内国民经济各部门用于社会物流活动的总支出，包括支付给运输、储存、装卸搬运、包装、流通加工、配送、信息处理等各个物流环节的费用和应承担的物品在物流期间发生的损耗费用，以及社会物流活动中因资金占用而应承担的利息支出等。一个国家物流成本总额占 GDP 的比例已经成为衡量国家物流服务水平和物流发展水平高低的标志。目前，我国物流成本占 GDP 的比例约为发达国家的一倍，如图 2–1 所示。

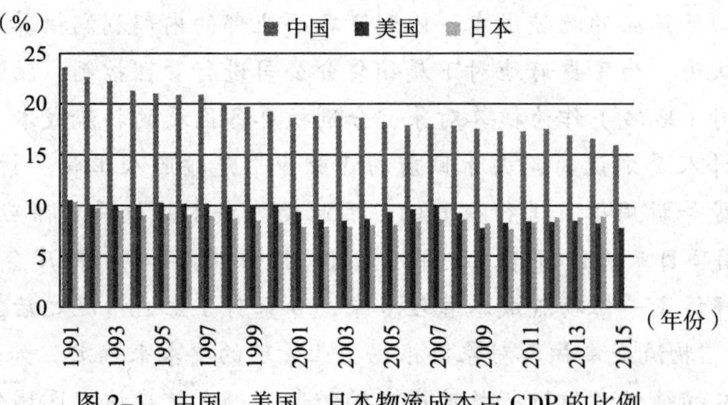

图 2–1 中国、美国、日本物流成本占 GDP 的比例

根据国家标准《社会物流统计指标体系》（GB/T 24361—2009），我国社会物流总费用是指我国全部常住单位因社会物流经济活动而发生的总费用，具体包括运输费用、保管费用和管理费用。

1. 运输费用

运输费用是指社会物流活动中，国民经济各方面由于物品运输而支付的全部费用，包括支付给物品承运方的运费（即承运方的货运收入），支付给装卸、搬运、保管、代理等辅助服务提供方的费用（即辅助服务提供方的货运业务收入），以及支付给运输管理与投资部门且由货主方承担的各种交通建设基金、过路费、过桥费、过闸费等运输附加费用。基本计算公式为：

运输费用 = 运费 + 装卸、搬运等辅助费用 + 运输附加费用

具体计算时，应根据铁路运输、公路运输、水上运输、航空运输和管道运输等不同的运输方式及对应的业务核算办法分别计算。

2. 保管费用

保管费用是指社会物流活动中，物品从最初的资源供应方（生产环节、海关）向最终消费用户流动的过程中所发生的除运输费用和管理费用之外的全部费用。其内容包括物流过程中因流动资金的占用而需承担的利息费用，仓储保管费用，流通中配送、加工、包装、信息和相关服务费用，以及物流过程中发生的保险费用和货物损耗费用等。基本计算公式为：

保管费用 = 利息费用 + 仓储保管费用 + 保险费用 + 货物损耗费用 +
信息和相关服务费用 + 配送费用 + 加工费用 + 包装费用

3. 管理费用

管理费用是指社会物流活动中，物品供需双方的管理部门因组织和管理各项物流活动所发生的费用。其内容主要包括管理人员报酬、办公费用，以及教育培训、劳动保险、车船使用等各种属于管理费用科目的费用。基本计算公式为：

管理费用 = 社会物流总额 × 社会物流平均管理费用率

其中，社会物流平均管理费用率是指在一定时期内，最初供给部门完成全部物品从供给地流向最终需求地的社会物流活动中，管理费用额占各部门物流总额比例的平均数。

二、企业物流成本

企业物流成本是指企业进行采购、销售、生产等物流相关活动的成本总和。按照国家标准《企业物流成本构成与计算》（GB/T 20523—2006），企业物流成本构成包括企业物流成本项目构成、企业物流成本范围构成和企业物流成本支付形态构成

3 种类型。

1. 企业物流成本项目构成

按成本项目划分，物流成本由物流功能成本和存货相关成本构成。其中，物流功能成本包括物流活动过程中所发生的包装成本、运输成本、仓储成本、装卸搬运成本、流通加工成本、物流信息成本和物流管理成本；存货相关成本包括企业在物流活动过程中所发生的与存货有关的资金占用成本、货物损耗成本、保险和税收成本。企业物流成本项目构成见表 2–1。

表 2–1　企业物流成本项目构成

		成本项目	内容说明
物流功能成本	物流运作成本	运输成本	一定时期内，企业为完成货物运输业务而发生的全部费用，包括从事货物运输业务的人员费用，以及车辆（包括其他运输工具）的燃料费、折旧费、维修保养费、租赁费、养路费、过路费、年检费、事故损失费、相关税金等
		仓储成本	一定时期内，企业为完成货物储存业务而发生的全部费用，包括仓储业务人员费用，以及仓储设施的折旧费、维修保养费、水电费、燃料与动力消耗费等
		包装成本	一定时期内，企业为完成货物包装业务而发生的全部费用，包括包装业务人员费用、包装材料消耗、包装设施折旧和维修保养费、包装技术设计和实施费用，以及包装标记的设计、印刷等辅助费用
		装卸搬运成本	一定时期内，企业为完成装卸搬运业务而发生的全部费用，包括装卸搬运业务人员费用，以及装卸搬运设施折旧费、维修保养费、燃料与动力消耗费等
		流通加工成本	一定时期内，企业为完成货物流通加工业务而发生的全部费用，包括流通加工业务人员费用、流通加工材料消耗、加工设施折旧和维修保养费、燃料与动力消耗费等
	物流信息成本		一定时期内，企业为采集、传输、处理物流信息而发生的全部费用，即与订货处理、储存管理、客户服务有关的费用，具体包括物流信息人员费用，以及软硬件折旧费、维护保养费、通信费等
	物流管理成本		一定时期内，企业物流管理部门及物流作业现场所发生的管理费用，具体包括管理人员费用，以及差旅费、办公费、会议费等
存货相关成本	资金占用成本		一定时期内，企业在物流活动过程中负债融资所发生的利息支出（显性成本）和占用内部资金所发生的机会成本（隐性成本）
	货物损耗成本		一定时期内，企业在物流活动过程中所发生的货物降价、损耗、毁损、盘亏等损失
	保险和税收成本		一定时期内，企业支付的与存货相关的财产保险费，以及购进和销售物品应缴纳的税金

（1）物流功能成本

1）运输成本。运输成本是指一定时期内企业为完成货物运输业务而发生的费用，包括集货、分配、搬运、中转、装入、卸下、分散等一系列操作中产生的费用。在现代企业物流中，运输在其经营业务中占有主导地位，物流运输费用在整个物流业务中占有较大的比例。因此，物流合理化在很大程度上依赖于运输合理化，而运输合理与否直接影响着物流运输费用的高低，进而影响企业物流总成本的水平。运输成本主要包括：

①人工费。人工费主要是指从事运输业务的人员的费用，具体包括工资、奖金、津贴、补贴、住房公积金、劳动保护费、保险费、按规定提取的福利费、教育培训费和其他用于运输人员的费用。

②维护费。维护费主要是指与运输工具和运营有关的费用，具体包括营运车辆的燃油费、轮胎费、折旧费、维修费、租赁费、牌照检查费、保险费、公路运输管理费等。

③一般经费。一般经费主要是指在企业的运输业务过程中，除了人工费和维护费之外的其他与运输工具或运输业务相关的费用，如事故损失费、相关税金等。

2）仓储成本。仓储成本是指在利用仓库以及相关设施设备进行货物的入库存储、出库活动中所产生的相关费用。仓储管理的主要任务是用最低的费用，在适当的时间和适当的地点取得适当数量的存货。在许多企业中，仓储成本是物流成本的主要组成部分，物流成本的高低往往取决于仓储管理成本的大小，而且，企业物流系统所保持的库存水平对于企业为客户提供的物流服务水平起着重要作用。仓储成本主要包括：

①人工费。人工费主要是指从事仓储业务的人员的费用，具体包括工资、奖金、津贴、补贴、住房公积金、劳动保护费、保险费、按规定提取的福利费、教育培训费和其他用于仓储人员的费用。

②维护费。维护费主要是指与仓库及保管货物有关的费用，具体包括仓储设施折旧费、设施设备维修保养费、水电费、燃料与动力消耗费等。

③一般经费。在企业仓储业务的过程中，除了人工费和维护费之外的其他与仓储或仓储业务有关的费用称为一般经费，如仓储业务人员的办公费、差旅费等。在这里，仓储成本是指狭义的仓储成本，仅指为了完成仓储业务而发生的全部费用，并非指包括仓储持有成本、订货或生产准备成本、缺货成本和在途持有成本在内的广义的仓储成本。

3）包装成本。包装成本指在一定时期内，企业为完成货物包装业务而发生的全部费用，包括运输包装费和集装、分装包装费，但一般不包括销售包装费。包装是生产的终点和销售的起点，其所发生的耗费一般占流通费用的10%，有的商品包装成本甚

至占流通费用的50%。因此，加强包装费用的管理与核算，可以降低物流成本，提高企业的经济效益。包装成本主要包括：

①材料费。材料费主要是指从事包装业务所耗费的材料费。企业的包装材料除少数自制外，大部分是通过采购获得的。

②人工费。人工费主要是指从事包装业务的人员的费用，具体包括工资、奖金、津贴、补贴、住房公积金、劳动保护费、保险费、按规定提取的福利费、教育培训费和其他一切用于包装业务人员的费用。

③维护费。维护费主要是指与包装机械有关的费用，包括设备折旧费、维修费、能源消耗费和低值易耗品摊销等。包装过程中使用包装机械，可以大幅度提高包装水平和劳动效率。

④一般经费。在包装过程中，除了工人费、材料费和维护费外，还会发生一些诸如包装技术费用和辅助费用等的其他杂费，这部分费用通常列入一般经费。例如，为了发挥包装的功能，达到最佳的包装效果，需要实施缓冲、防潮、防霉技术所发生的设计和实施费用，以及包装标记标志的设计费、印刷费、辅助材料费等。

目前包装作业的实施单位已经由生产制造企业扩展到包括流通企业和物流企业等在内的很多类型企业。对于大部分商品而言，只有经过包装才能进入流通，也有部分商品是进入流通后实施初次或再次包装。国家标准中将进入流通加工环节实施包装作业所发生的成本列为流通加工成本，不列为包装成本。

4）装卸搬运成本。装卸搬运成本是指在指定的地点以人力或机械设备装入或卸下货物作业中所发生的费用。装卸搬运一般发生在同一地域范围内，改变“物”的存放、支撑状态的活动称为装卸，改变“物”的空间位置的活动称为搬运。装卸搬运是物流各项活动中出现频率最高的一项作业活动。装卸搬运成本主要包括：

①人工费。人工费主要是指从事装卸搬运业务的人员的费用，具体包括工资、奖金、津贴、补贴、住房公积金、劳动保护费、保险费、按规定提取的福利费、教育培训费和其他用于装卸搬运业务人员的费用。

②维护费。装卸搬运过程中需要使用一些搬运设备和输送设备，维护费是指这些装卸搬运设备的折旧费、维修费和能源消耗费等。

③一般经费。一般经费主要是指在货物装卸搬运工程中，除了人工费和设备维护费外发生的其他与装卸搬运业务有关的费用，如分拣费、整理费等。

5）流通加工成本。流通加工是指商品从生产者向消费者流动的过程中，为促进销售、维护商品质量、实现高效率物流而使商品发生形状和性质的变化，如冷冻加工、分装加工、组装加工、精致加工等。流通加工成本就是指一定时期内企业为完成货物流通加工业务而发生的全部费用，主要包括：

①人工费。人工费主要是指从事流通加工业务的人员的费用，具体包括工资、奖

金、津贴、补贴、住房公积金、劳动保护费、保险费、按规定提取的福利费、教育培训费和其他用于流通加工业务人员的费用。

②材料费。材料费主要是指流通加工过程中所耗用的辅助材料、包装材料等的费用。

③维护费。流通加工过程中需要使用一定的设备，如电锯、剪板机等，维护费是指与这些流通加工设备有关的折旧费、摊销费、维修保养费，以及电力、燃料、油料等能源消耗费。

④一般经费。一般经费是指在流通加工过程中，除上述人工费、材料费和维修费之外所发生的与流通加工有关的其他费用支出，如流通加工作业应分摊的车间经费和其他管理费用支出。流通加工的对象是进入流通领域的商品，具有商品的属性。从这一意义上说，流通加工成本仅存在于销售物流阶段。

6）物流管理成本。在物流作业分工日益精细的今天，物流管理工作逐渐从其他物流功能作业中分离出来，成为独立存在的物流作业形式。物流管理成本是指在一定时期内，企业为完成物流管理活动所发生的全部费用，包括物流管理部门及物流作业现场所发生的管理费用，具体包括：

①人工费。人工费主要是指从事物流管理工作的人员费用，具体包括工资、奖金、津贴、补贴、住房公积金、劳动保护费、保险费、按规定提取的福利费、教育培训费和其他用于物流管理业务人员的费用。

②维护费。维护费指物流管理人员在物流管理过程中使用有关软件和硬件设施进行管理产生的软硬件系统及设施的折旧费、摊销费、修理费等。

③一般经费。一般经费指物流管理活动中，除了人工费、维护费外的其他费用支出，如物流管理部门、物流作业现场及专门的物流管理人员应分摊的办公费、会议费、水电费、差旅费等。

7）物流信息成本。畅通信息渠道，及时充分地获取各类信息，是物流系统高效运行的保证，物流信息管理已经成为物流管理的重要手段之一。目前，企业物流管理活动信息流既包括企业内部信息流，又包括企业间的信息流。物流信息成本是指一定时期内，企业为完成物流信息的采集、传输、处理等活动所发生的全部费用，主要包括：

①人工费。人工费主要是指从事物流信息管理工作的人员的费用，具体包括工资、奖金、津贴、补贴、住房公积金、劳动保护费、保险费、按规定提取的福利费、教育培训费和其他用于物流信息管理业务人员的费用。

②维护费。在物流信息管理过程中，开发物流信息软件系统、投入信息硬件设施已经成为物流信息管理的重要手段和必备条件。物流信息成本的维护费主要是指与物流信息软、硬件系统以及设备有关的费用，如物流信息系统开发摊销费、信息设施折旧费，以及物流信息软、硬件系统维护费等。

③一般经费。一般经费指在物流信息活动过程中，除了人工费和与维护费外所发生

的其他与物流信息有关的费用，如采购、生产、销售过程中发生的通信费、咨询费等。

（2）存货相关成本

1）资金占用成本。因占用资金而需承担的利息费用在整个保管费用中占有相当大的比重。加快资金周转速度、减少资金占用成本已经成为降低物流成本最重要的渠道之一。流动资金占用成本是指一定时期内，企业在物流活动过程中因持有存货占用物流资金所发生的成本。

2）货物损耗成本。在物流活动过程中，由于多种不确定因素的存在，原材料、半成品、产成品等存货通常面临风险损失。例如，在运输过程中产品可能发生破损或完全损毁导致价值丧失，在装卸搬运过程中产品可能发生破损、散失和损耗，在保管过程中产品可能发生毁损丢失，同时，因保管时间长等原因，还会发生货物的降价损失等。货物损耗成本是指一定时期内，企业在物流活动过程中所发生的货物损耗、毁损、盘亏、降价损失等。从可操作性和重要性角度考虑，国家标准中仅将在会计核算体系中反映的存货损失成本计入货物损耗成本，会计核算体系中没有反映的贬值、过时损失等不包括在货物损耗成本中。

3）保险和税收成本。为了分担风险，很多企业开始对货物采取投保并缴纳保险费的方式减少风险损失。保险成本是指一定时期内，企业在物流活动过程中，为预防和减少货物丢失、损毁造成的损失而向社会保险部门支付的保险费用。同时，企业因购进和售出货物，还要产生一定的税费支出成本。

2. 企业物流成本范围构成

按产生的范围划分，物流成本由供应物流成本、企业内物流成本、销售物流成本、回收物流成本和废弃物物流成本构成，具体内容见表 2–2。

表 2–2　企业物流成本范围构成

成本范围	内容说明
供应物流成本	经过采购活动，将企业所需原材料（生产资料）从供给者的仓库运回企业仓库的物流过程中所发生的物流费用
企业内物流成本	从原材料经过出库、制造形成产品以及产品进入成品库，到产品从成品库出库的物流过程中所发生的物流费用
销售物流成本	为了进行销售，产品从成品仓库开始，经过流通环节的加工制造，直到运输至中间商的仓库或消费者手中的物流活动过程中所发生的物流费用
回收物流成本	退货、返修物品和周转使用的包装容器等从需方返回供方的物流活动过程中所发生的物流费用
废弃物物流成本	将经济活动中失去原有使用价值的物品根据实际需要进行收集、分类、加工、包装、搬运、储存等，并分送到专门处理场所的物流活动过程中所发生的物流费用

3. 企业物流成本支付形态构成

按支付形态划分，企业物流总成本由内部物流成本和委托物流成本构成，见表 2–3。其中，内部物流成本按支付形态不同，可分为材料费、人工费、维护费、一般经费和特别经费。

表 2–3　　企业物流成本支付形态构成

成本支付形态		内容说明
内部物流成本	材料费	资材费、工具费、器具费等
	人工费	工资、奖金、津贴、补贴、住房公积金等
	维护费	土地、建筑物及各类物流设施设备的折旧费、维护维修费、租赁费、保险费、税金、燃料与动力消耗费等
	一般经费	办公费、差旅费、会议费、通信费、水电费、煤气费等
	特别经费	存货资金占用费、物品损耗费、存货保险费和税费
委托物流成本		企业向外部物流机构支付的各项费用

第二节　物流成本分类

按照不同的标准和要求，企业物流成本有不同的分类。

一、按物流成本计入成本对象的方式分类

按物流成本计入成本对象的方式不同，物流成本分为直接物流成本和间接物流成本。需要对成本进行单独测定的任何活动、产品、服务、项目、客户、部门等成本核算实体都可以作为物流成本对象。直接物流成本是指与特定成本对象直接相关，且能够经济而又方便地追溯的物流成本。间接物流成本是与特定成本对象相关，但不能经济而又方便地追溯到各个物流成本对象的成本，间接物流成本要通过成本分配的方法分配给物流成本对象。物流成本与成本对象的关系如图 2–2 所示。

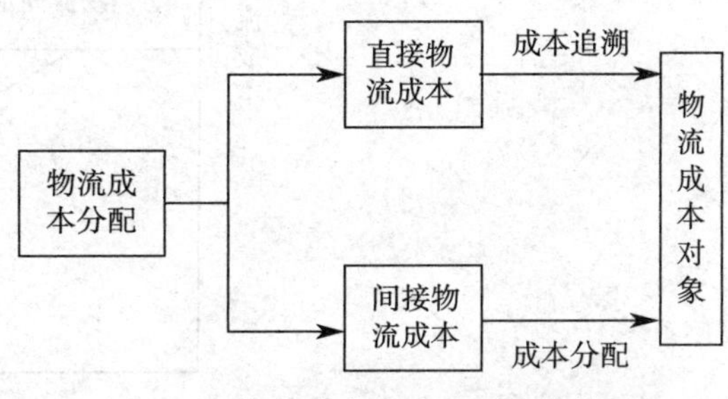

图 2–2　物流成本与成本对象的关系

二、按物流成本的习性分类

物流成本习性是指物流成本总额与物流业务量之间的依存关系。按物流成本的习性不同，可将物流成本分为物流固定成本、物流变动成本和物流混合成本。

物流变动成本指发生总额随物流业务量的变化而近似成比例增减变化的成本，如包装材料消耗、工人工资、能源消耗等。物流变动成本的最大特点是成本总额随业务量的变动而变动，但单位成本保持原有水平。物流变动成本与物流业务量的关系如图 2–3 所示。

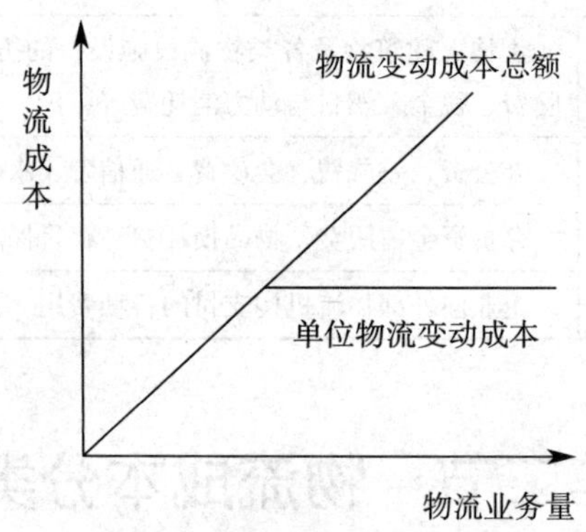

图 2–3　物流变动成本与物流业务量的关系

物流固定成本是指物流成本总额不随物流作业量的变化而变化的成本。其主要特点是物流成本总额保持不变，但单位物流固定成本与物流作业量成负相关关系，如物流设备折旧费、管理部门的办公费等。物流固定成本与物流业务量的关系如图 2–4 所示。

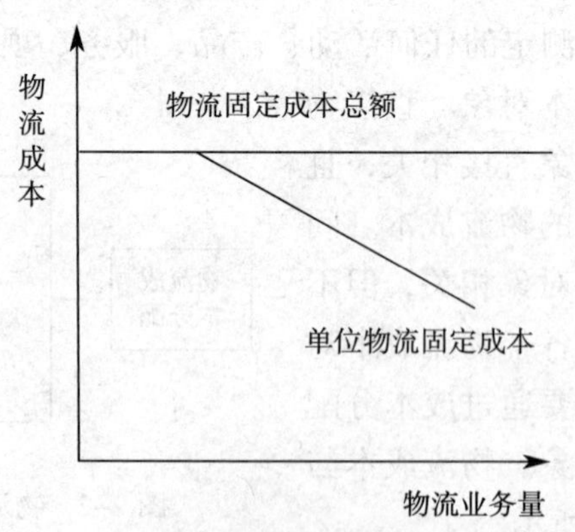

图 2–4　物流固定成本与物流业务量的关系

物流混合成本指全部物流成本介于物流固定成本和物流变动成本之间，既随物流作业量变动又不与其成比例关系的那部分变动成本。物流混合成本与物流业务量的关系如图 2–5 所示。

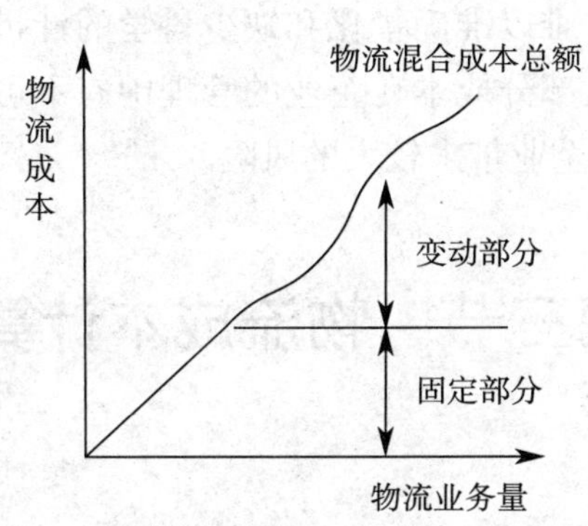

图 2–5　物流混合成本与物流业务量的关系

三、按物流成本是否具有可控性分类

按物流成本是否具有可控性，可将物流成本分为可控物流成本与不可控物流成本。

可控物流成本是指考核对象对物流成本的发生能够控制的成本。不可控物流成本是指考核对象对物流成本的发生不能予以控制，因而也不予负责的成本。例如，包装部门的经营管理水平与包装材料的耗用量相关，而与包装设备的折旧费无关，所以包装材料费是包装部门的可控物流成本，而包装设备折旧费则是不可控物流成本。

可控物流成本与不可控物流成本是相对的，而不是绝对的，可能对一个部门来说是可控的，对另一个部门来说则是不可控的，但从整个企业来考察，一切费用都是可控的，只是这种可控性要分解落实到相应的责任部门。

四、按物流成本是否在会计核算中反映分类

物流成本既包括会计核算中实际发生的、计入企业实际成本费用的各项支出，也包括会计核算中没有实际发生，但在物流管理决策中应该考虑的成本支出。物流成本按在会计核算中是否反映，可分为显性物流成本和隐性物流成本。

显性物流成本是企业实际发生的，既在会计核算中反映，又为物流成本管理决策所需要的成本支出。物流活动过程中所发生的人工费、材料费、水电费、折旧费、保险费等都属于显性成本。这部分物流成本的计算以会计核算资料为依据，是对会计核算资料进行分析和信息提取的过程。所有显性物流成本的数据均来源于财务会计资料。

隐性物流成本是在财务会计核算中没有反映，但在物流成本管理决策中需要考虑的成本支出。例如，存货占用资金所产生的机会成本、由于物流服务不到位所造成的缺货成本、存货的贬值损失、回程空载等，这些成本支出和损失客观存在，但由于不符合会计核算的确认准则、难以准确量化和缺少科学的计量规则等原因，这部分支出没有在财务会计中反映。这部分成本在企业的管理中有不可忽视的作用，若在决策中不考虑这部分成本，将会给企业带来较大的风险。

第三节　物流成本计算

一、物流成本计算的含义及目的

1. 物流成本计算的含义

物流成本计算是指企业按物流管理目标对物流耗费进行确认、计量和报告。

2. 物流成本计算的目的

物流成本计算是加强物流企业管理，特别是加强物流成本管理、降低物流成本、减少资金占用、提高物流企业经济效益的重要手段。具体地说，物流成本计算的目的表现为：

（1）对物流成本进行全面计算，可以确定物流成本的大小，从而提高企业内部对物流重要性的认识。

（2）对某一具体物流活动的成本进行计算，可以明确物流活动中存在的问题，为物流运营决策提供依据。

（3）按不同的物流部门分别计算，可以确认各物流部门的责任成本，评价各物流部门的业绩。

（4）对某一物流设备或机械（如单台运输卡车）的成本进行计算，可以分析其消耗情况，谋求提高设备效率、降低物流成本的途径。

（5）对每个客户物流成本进行分解计算，可以为确定物流服务收费水平和有效进行客户管理提供决策依据。

（6）对某一成本项目进行计算，可以确定本期物流成本与上年同期成本的差异，查明成本变动的原因。

（7）按照物流成本计算的口径计算本期物流实际成本，可以评价物流成本预算的执行情况。

二、物流成本计算对象

物流成本计算对象是指企业或成本管理部门为归集和分配各项成本费用而确定的、以一定期间和空间范围为条件而存在的成本核算实体。

物流成本如何归集和计算，取决于如何选取评价与考核的物流成本计算对象。物流成本计算对象的选取方法不同，将得出不同的物流成本结果。所以，在计算物流成本或收集物流成本相关数据时，必须先明确物流成本计算对象，否则物流成本的计算也就失去了意义。因此，正确确定物流成本计算对象，是进行物流成本计算的基础。

1. 物流成本计算对象的类型

一般说来，物流成本计算对象有如下几种：

（1）以某种物流功能为计算对象，即根据需要，以包装、运输、储存等物流功能为对象进行计算。这种核算方式对于加强每个物流功能环节的管理、提高每个环节作业水平，具有重要的意义。

（2）以某一物流部门为计算对象，如以仓库、运输队、装配车间等部门为对象进行计算。这种核算对加强责任中心管理，发挥责任成本管理方法效能和部门的绩效考核是十分有利的。

（3）以某一服务客户作为计算对象。这种核算方式对于加强客户服务管理、制定有竞争力的收费价格是很有必要的。特别是对于物流服务企业来说，在为大客户提供物流服务时，应认真核算发生的实际成本。

（4）以某一产品为计算对象。这主要是指货主企业在进行物流成本计算时，以每种产品作为计算对象，计算为组织该产品的生产和销售所花费的物流成本。据此可进一步了解各产品的物流费用开支情况，以便进行重点管理。

（5）以企业生产的某一过程为计算对象，如以供应、生产、销售、退货等过程为对象进行计算。

（6）以某一物流成本项目为计算对象，即把一定时期的物流成本从财务会计的计算项目中抽出，按照成本费用项目进行分类计算。

（7）以某一地区为计算对象，计算在该地区组织供应和销售所花费的物流成本，据此可进一步了解各地区的物流费用开支情况，以便进行重点管理。

（8）以某一物流设备和工具为计算对象，如以某一运输车辆为对象进行计算。

（9）以企业全部物流活动为计算对象，确定企业为组织物流活动所支出的全部物流成本。

重点提示

物流成本计算是物流成本管理的基础，物流成本数据是制订物流计划、控制物流作业、评价物流业绩等活动不可缺少的资料。物流成本计算结果科学、准确与否，影响着物流成本管理水平的高低。

2. 物流成本计算对象的确定

确定物流成本计算对象需从以下三个方面进行分析：

（1）确定物流成本计算期间

物流活动是持续不断进行的，必须截取其中的一段时间作为汇集物流经营费用、计算物流成本的时间范围。这个时间范围就是物流成本计算期间。物流成本计算期间可以以年、季、月为周期，也可以是某项作业周期，应当视具体情况而定。

（2）确定物流成本计算范围

物流成本计算范围是物流成本计算的具体内容，即应选取哪些成本费用项目进行物流成本计算。从目前看，我国对物流成本核算内容还没有形成统一的规范。结合我国物流管理的实际需要，物流成本可以从物流活动范围、物流功能范围、物流费用支付形态三个方面进行分类计算。

1）从物流活动范围的角度看，应确定供应物流费、企业内物流费、销售物流费、回收物流费和废弃物物流费中哪些应纳入物流成本计算范围。

2）从物流功能范围的角度看，应确定在运输、搬运、储存、包装、流通加工等物流功能中，选取哪些功能作为物流成本计算对象。

3）从物流费用支付形态的角度看，是以财务会计中发生的费用为基础，将物流成本分为本企业支付的物流费和其他企业支付的物流费。本企业支付的物流费又可以分为企业本身的物流费和委托物流费。其中，企业本身的物流费又分为材料费、人工费、公益费、维护费、一般经费和特别经费等，它们之间的关系如图 2–6 所示。

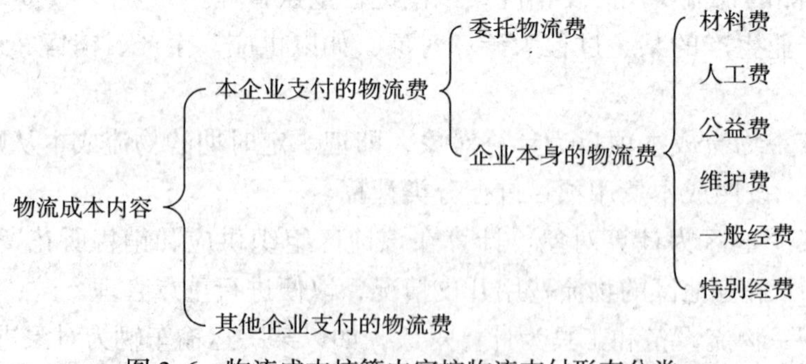

图 2–6　物流成本核算内容按物流支付形态分类

（3）确定物流成本承担者

根据实际情况，物流成本承担者可以是某一客户、某一作业种类、某一物流责任中心乃至整个企业。

从上述三个方面确定了物流成本计算对象，就可以收集物流成本数据，计算物流成本了。

三、物流成本计算步骤

下面以物流成本按支付形态为例，说明物流成本计算的具体步骤。

1. 分类计算物流成本

按物流费用支付形态不同，分类将物流成本从相关科目中抽出，并进行计算。

（1）材料费

材料费是由物流消耗而产生的费用。直接材料费可以按各种材料的实际消耗量乘以实际的购进价格计算。材料的实际消耗量可以按物流成本计算期末统计的材料支出数量计算，在难以通过材料支出单据进行统计时，也可以采用盘存计算法，即：

本期消耗量 = 期初结存 + 本期购进 − 期末结存

材料的购进价格应包括材料的购买费、进货运杂费、保险费和各种税金。

（2）人工费

人工费是指对物流活动中消耗的劳务所支付的费用。物流人工费的范围包括职工所有报酬（工资、奖金、其他补贴）的总额、劳动保护费、保险费、按规定提取的福利基金、教育培训基金及其他费用。

在计算人工费的本期实际支付额时，报酬总额按计算期内支付给从事物流活动人员的报酬总额或按整个企业职工的平均报酬额计算。劳动保护费、保险费、按规定提取的福利基金、教育培训基金及其他费用等都需要从企业这些费用项目总额中把用于物流人员的费用部分抽出来。如果实际费用难以抽出计算，也可将这些费用的总额按从事物流活动的职工人数比例分摊到物流成本中。

（3）公益费

公益费是指对公益事业所提供的服务（自来水、电、煤气、取暖、绿化等）支付的费用。如果企业具备条件，每一物流设施都应安装计量仪表直接计算。但对没有条件安装计量仪表的企业，此部分费用可以从整个企业支出的公益费中按物流设施的面积和物流人员的比例计算得出。

（4）维护费

维护费根据本期实际发生额计算，经过多个期间统一支付的费用（如租赁费、保

险费等）可按期间分摊计入本期相应的费用中。对于物流业务中可以按业务量或物流设施直接计算的物流费，在可能的限度内计算出维护费；对于不能直接计算出来的，可以根据建筑物面积和设备金额等分摊到物流成本中。

折旧费应根据固定资产的原值和经济使用年限，以残值为零，采用使用年限法计算，计算公式为：

固定资产年折旧额 = 固定资产原值 ÷ 固定资产预计经济使用年限

固定资产月折旧额 = 固定资产年折旧额 ÷12

对于有些按固定资产实际使用年限计提折旧的物流固定资产，其折旧额属于特别经费这一支付形态项目中。

对于使用年限长且有价格变动的物流固定资产折旧，可根据实际情况采用重置价格计算。

（5）一般经费

一般经费相当于财务会计中的一般管理费用。其中，差旅费、交通费、会议费、书报资料费等使用目的明确的费用应直接计入物流成本，一般经费中不能直接计入物流成本的费用可按职工人数或设备比例分摊到物流成本中。

（6）特别经费

特别经费包括按实际使用年限计算的折旧费和企业内利息等。

（7）委托物流费

委托物流费根据本期实际发生额计算，包括托运费、市内运输费、包装费、装卸费、保管费、出入库费、委托物流加工费等。除此以外，间接委托的物流费按一定标准分摊到各功能的费用中。

（8）其他企业支付的物流费

其他企业支付的物流费虽然不是本企业的物流费支付，但对购进商品来讲，实际上已经将商品从产地运到销售地点的运费、装卸费等物流费用包含在进货价格中，如果到商品产地购进，则这部分物流费显然是要由本企业支付的。对于销售的商品，买方提货所支付的运费也相当于扣减了销售价格，如果销售的商品采用送货制，则这部分物流费也要由本企业支付。因此，其他企业支付的物流费实际上是为了弥补由本企业承担的物流费而计入物流成本的。

其他企业支付的物流费以本期发生购进和销售对其他企业支付物流费的商品重量或件数为基础，乘以费用估价进行计算，但当本企业也承担与此相当的物流费时，也可以用本企业相当的物流费代替。

2. 编制物流成本计算表

根据计算物流成本的需要，可编制物流成本计算表，见表 2–4。

表 2–4　　　　　　　　　　　　　　物流成本计算表

<table>
<tr><td colspan="4">范围
支付形态</td><td>供应
物流费</td><td>企业内
物流费</td><td>销售
物流费</td><td>回收
物流费</td><td>废弃物
物流费</td><td>合计</td></tr>
<tr><td rowspan="11">企业
物流费</td><td rowspan="9">本企业
支付物
流费</td><td rowspan="7">企业本身
物流费</td><td>材料费</td><td></td><td></td><td></td><td></td><td></td><td></td></tr>
<tr><td>人工费</td><td></td><td></td><td></td><td></td><td></td><td></td></tr>
<tr><td>公益费</td><td></td><td></td><td></td><td></td><td></td><td></td></tr>
<tr><td>维护费</td><td></td><td></td><td></td><td></td><td></td><td></td></tr>
<tr><td>一般经费</td><td></td><td></td><td></td><td></td><td></td><td></td></tr>
<tr><td>特别经费</td><td></td><td></td><td></td><td></td><td></td><td></td></tr>
<tr><td>企业本身物流费</td><td></td><td></td><td></td><td></td><td></td><td></td></tr>
<tr><td colspan="2">委托物流费</td><td></td><td></td><td></td><td></td><td></td><td></td></tr>
<tr><td colspan="2">本企业支付的物流费</td><td></td><td></td><td></td><td></td><td></td><td></td></tr>
<tr><td colspan="3">其他企业支付的物流费</td><td></td><td></td><td></td><td></td><td></td><td></td></tr>
<tr><td colspan="3">企业物流费总计</td><td></td><td></td><td></td><td></td><td></td><td></td></tr>
</table>

假设某公司经分析计算，从月度损益表中“管理费用、财务费用、营业费用”等各个项目中，取出一定数值乘以一定比率计算出的物流部门费用见表 2–5。该公司共有员工 127 人，物流部门有员工 36 人，公司总面积为 5 869 m^2，物流部门设施面积为 3 093 m^2。

表 2–5　　　　　　　　　　　　　　物流部门费用

序号	项目	管理、财务、营业等费用（元）	物流费用（元）	计算基准（%）	备注
1	车辆租赁费	100 080	100 080	100	金额比率
2	包装材料费	30 184	30 184	100	金额比率
3	工资津贴费	631 335	178 668	28.3	人数比率
4	水电气暖费	12 645	6 664	52.7	面积比率
5	保险费	10 247	5 400	52.7	面积比率
6	修缮维护费	19 596	10 327	52.7	面积比率
7	折旧费	39 804	20 977	52.7	面积比率
8	税金	28 114	14 816	52.7	面积比率
9	办公费	19 276	8 115	42.1	物流费用比率
10	低值易耗品费	21 316	8 974	42.1	物流费用比率
11	资金占用利息	23 861	10 045	42.1	物流费用比率
12	通信费	10 366	4 364	42.1	物流费用比率
13	软件租赁费	17 748	7 472	42.1	物流费用比率
14	物流成本合计	964 572	406 086	42.1	物流费用比率

表中计算基准的计算公式如下：

（1）人数比率 = 物流部门人员数 ÷ 全公司人数 =36 ÷ 127 ≈ 0.283

（2）面积比率 = 物流部门设施面积 ÷ 全公司面积 =3 093 ÷ 5 869 ≈ 0.527

（3）物流费用比率 =1～8 项物流费用 ÷1～8 项管理、财务、营业等费用 = 367 116 ÷ 872 005 ≈ 0.421

根据会计账簿记录和其他相关资料，上述各项物流成本资料分析如下：

（1）该公司供应物流和销售物流共同费用的分配比为 1∶2，运输费、装卸费、物流管理费、通信费和软件租赁费等费用由供应物流和销售物流共同负担。

（2）车辆租赁费为公司运输部门所发生的费用。本月运输部门提供物流运输劳务 3 200 t・km，其中，采购材料耗用 1 200 t・km，产品销售耗用 2 000 t・km。

供应物流负担额 =100 080 × 1 200 ÷ 3 200=37 530（元）

销售物流负担额 =100 080 × 2 000 ÷ 3 200=62 550（元）

（3）包装材料费 30 184 元为仓库实施包装作业所耗用。

（4）工资津贴费 178 668 元按各物流作业职工人数进行分配。其中，包装作业 6 人，运输作业 12 人，保管作业 4 人，装卸作业 10 人，物流管理人员 4 人，一共 36 人。

包装作业人员的工资津贴费 =178 668 × 6 ÷ 36=29 778（元）

运输作业人员的工资津贴费 =178 668 × 12 ÷ 36=59 556（元）

供应物流负担额 =59 556 × 1/3=19 852（元）

销售物流负担额 =59 556 × 2/3=39 704（元）

保管作业人员的工资津贴费 =178 668 × 4/36=19 852（元）

装卸作业人员的工资津贴费 =178 668 × 10/36=49 630（元）

供应物流负担额 =49 630 × 1/3 ≈ 16 543（元）

销售物流负担额 =49 630 × 2/3 ≈ 33 087（元）

物流管理人员的工资津贴费 =178 668 × 4/36=19 852（元）

供应物流负担额 =19 852 × 1/3 ≈ 6 617（元）

销售物流负担额 =19 852 × 2/3 ≈ 13 235（元）

（5）水电气暖费 6 664 元为物流作业管理所耗用，其分配计算为：

供应物流负担额 =6 664 × 1/3 ≈ 2 221（元）

销售物流负担额 =6 664 × 2/3 ≈ 4 443（元）

（6）保险费按各物流作业设施的账面价值分配。其中，包装设备价值为 480 000 元，运输设备价值为 1 740 000 元，保管设备价值为 987 000 元，装卸设备价值为 216 000 元，物流管理设备价值为 147 000 元，设备账面价值一共是 3 570 000 元。

包装作业的保险费 =5 400 × 480 000 ÷ 3 570 000 ≈ 726（元）

运输作业的保险费 =5 400 × 1 740 000 ÷ 3 570 000 ≈ 2 632（元）

供应物流负担额 =2 632 × 1/3 ≈ 877（元）

销售物流负担额 =2 632 × 2/3 ≈ 1 755（元）

保管作业的保险费 =5 400 × 987 000 ÷ 3 570 000 ≈ 1 493（元）

装卸作业的保险费 =5 400 × 216 000 ÷ 3 570 000 ≈ 327（元）

供应物流负担额 =327 × 1/3=109（元）

销售物流负担额 =327 × 2/3=218（元）

物流管理作业的保险费 =5 400 × 147 000 ÷ 3 570 000 ≈ 222（元）

供应物流负担额 =222 × 1/3=74（元）

销售物流负担额 =222 × 2/3=148（元）

（7）修缮维护费和折旧费的发生和分配情况同保险费。计算如下：

包装作业的负担额 =（10 327+20 977）× 480 000 ÷ 3 570 000 ≈ 4 209（元）

运输作业的负担额 =（10 327+20 977）× 1 740 000 ÷ 3 570 000 ≈ 15 257（元）

供应物流负担额 =15 257 × 1/3 ≈ 5 086（元）

销售物流负担额 =15 257 × 2/3 ≈ 10 171（元）

保管作业的负担额 =（10 327+20 977）× 987 000 ÷ 3 570 000 ≈ 8 655（元）

装卸作业的负担额 =（10 327+20 977）× 216 000 ÷ 3 570 000 ≈ 1 894（元）

供应物流负担额 =1 894 × 1/3 ≈ 631（元）

销售物流负担额 =1 894 × 2/3 ≈ 1 263（元）

物流管理作业的负担额 =（10 327+20 977）× 147 000 ÷ 3 570 000 ≈ 1 289（元）

供应物流负担额 =1 289 × 1/3 ≈ 430（元）

销售物流负担额 =1 289 × 2/3 ≈ 859（元）

（8）低值易耗品费可根据材料领料单分配确定。其中，包装作业耗用 2 896 元，保管作业耗用 3 756 元，管理部门耗用 2 322 元（供应物流负担 774 元，销售物流负担 1 548 元）。

（9）办公费为物流作业管理阶段发生，其分配计算为：

供应物流负担额 =8 115 × 1/3=2 705（元）

销售物流负担额 =8 115 × 2/3=5 410（元）

（10）资金占用利息 10 045 元为公司存货资金所占用的利息。

（11）税金为车船使用税、土地使用税等，分配方法同保险费。计算如下：

包装作业的税金 =14 816 × 480 000 ÷ 3 570 000 ≈ 1 992（元）

运输作业的税金 =14 816 × 1 740 000 ÷ 3 570 000 ≈ 7 221（元）

供应物流负担额 =7 221 × 1/3=2 407（元）

销售物流负担额 =7 221 × 2/3=4 814（元）

保管作业的税金 =14 816 × 987 000 ÷ 3 570 000 ≈ 4 096（元）

装卸作业的税金 =14 816 × 216 000 ÷ 3 570 000 ≈ 896（元）

供应物流负担额 =896 × 1/3 ≈ 299（元）

销售物流负担额 =896 × 2/3 ≈ 597（元）

物流管理作业的税金 =14 816 × 147 000 ÷ 3 570 000 ≈ 611（元）

供应物流负担额 =611 × 1/3 ≈ 204（元）

销售物流负担额 =611 × 2/3 ≈ 407（元）

（12）通信费 4 364 元和软件租赁费 7 472 元为信息流通费，其分配计算为：

供应物流负担额 =（4 364+7 472）× 1/3 ≈ 3 945（元）

销售物流负担额 =（4 364+7 472）× 2/3 ≈ 7 891（元）

（13）本月公司支付的委托物流费为 120 840 元，其中购买材料的市内运输费 48 040 元，仓库保管费 72 800 元。

（14）本月其他企业支付物流费为 56 340 元。其中，本月发生购进对其他企业支付的物流费（运费）为 34 260 元，本月发生销售对其他企业支付的物流费（运费）为 22 080 元。

假设上述公司的物流功能包括包装、运输、保管、装卸、信息流通和物流管理等六个方面，则根据上述分析计算资料编制的包装费、运输费、保管费、装卸费、信息流通费和物流管理费成本见表 2–6、表 2–7、表 2–8、表 2–9、表 2–10、表 2–11。

表 2–6　　包装费计算表　　元

支付形态 \ 范围				供应物流费	企业内物流费	销售物流费	回收物流费	废弃物物流费	合计
企业物流费	本企业支付物流费	企业本身物流费	材料费		33 080				33 080
			人工费		29 778				29 778
			维护费		6 927				6 927
			一般经费						
			特别经费						
			企业本身物流费		69 785				69 785
		委托物流费							
		本企业支付的物流费			69 785				69 785
	其他企业支付的物流费								
	企业物流费总计				69 785				69 785

表 2-7　　　　　　　　　　　　　　　**运输费计算表**　　　　　　　　　　　　　　　元

支付形态 \ 范围				供应物流费	企业内物流费	销售物流费	回收物流费	废弃物物流费	合计
企业物流费	本企业支付物流费	企业本身物流费	材料费						
			人工费	19 852		39 704			59 556
			维护费	45 900		79 290			125 190
			一般经费						
			特别经费						
			企业本身物流费	65 752		118 994			184 746
		委托物流费		48 040					48 040
		本企业支付的物流费		113 792		118 994			232 786
	其他企业支付的物流费			34 260		22 080			56 340
	企业物流费总计			148 052		141 074			289 126

表 2-8　　　　　　　　　　　　　　　**保管费计算表**　　　　　　　　　　　　　　　元

支付形态 \ 范围				供应物流费	企业内物流费	销售物流费	回收物流费	废弃物物流费	合计
企业物流费	本企业支付物流费	企业本身物流费	材料费		3 756				3 756
			人工费		19 852				19 852
			维护费		14 244				14 244
			一般经费						
			特别经费		10 045				10 045
			企业本身物流费		47 897				47 897
		委托物流费			72 800				72 800
		本企业支付的物流费			120 697				120 697
	其他企业支付的物流费								
	企业物流费总计				120 697				120 697

表 2-9　　装卸费计算表　　元

支付形态 \ 范围				供应物流费	企业内物流费	销售物流费	回收物流费	废弃物物流费	合计
企业物流费	本企业支付物流费	企业本身物流费	材料费						
			人工费	16 543		33 087			49 630
			维护费	1 039		2 078			3 117
			一般经费						
			特别经费						
			企业本身物流费	17 582		35 165			52 747
		委托物流费							
		本企业支付的物流费		17 582		35 165			52 747
	其他企业支付的物流费								
	企业物流费总计			17 582		35 165			52 747

表 2-10　　信息流通费计算表　　元

支付形态 \ 范围				供应物流费	企业内物流费	销售物流费	回收物流费	废弃物物流费	合计
企业物流费	本企业支付物流费	企业本身物流费	材料费						
			人工费						
			维护费						
			一般经费	3 945		7 891			11 836
			特别经费						
			企业本身物流费	3 945		7 891			11 836
		委托物流费							
		本企业支付的物流费		3 945		7 891			11 836
	其他企业支付的物流费								
	企业物流费总计			3 945		7 891			11 836

表 2-11　　　　物流管理费计算表　　　　元

支付形态			范围	供应物流费	企业内物流费	销售物流费	回收物流费	废弃物物流费	合计
企业物流费	本企业支付物流费	企业本身物流费	材料费	774		1 548			2 322
			人工费	6 617		13 235			19 852
			维护费	708		1 414			2 122
			一般经费	4 926		9 853			14 779
			特别经费						
			企业本身物流费	13 025		26 050			39 075
		委托物流费							
		本企业支付的物流费		13 025		26 050			39 075
	其他企业支付的物流费								
	企业物流费总计			13 025		26 050			39 075

汇总编制整个公司的物流成本计算表：

根据各物流功能成本计算表，汇总编制整个公司的物流成本计算表　见表 2-12。

表 2-12　　　　物流成本计算表　　　　元

支付形态			范围	供应物流费	企业内物流费	销售物流费	回收物流费	废弃物物流费	合计
企业物流费	本企业支付物流费	企业本身物流费	材料费	774	36 836	1 548			39 158
			人工费	43 012	49 630	86 026			178 668
			维护费	47 647	21 171	82 782			151 600
			一般经费	8 871		17 744			26 615
			特别经费		10 045				10 045
			企业本身物流费	100 304	117 682	188 100			406 086
		委托物流费		48 040	72 800				120 840
		本企业支付的物流费		148 344	190 482	188 100			526 926
	其他企业支付的物流费			34 260		22 080			56 340
	企业物流费总计			182 604	190 482	210 180			583 266

第四节　作业成本计算

一、作业成本法概述

作业成本法立足于成本对象与物流作业耗费的因果关系，是一种更为准确也更有发展前途的物流成本计算方法。

作业成本法是以作业成本计算为指导，将物流间接成本和辅助资源更准确地分配到物流作业、运作过程、产品、服务及客户中的一种成本计算方法。

作业成本法的基本思想是在资源和产品之间引入一个中介——作业。由于产品的生产要受不同作业活动的影响，不同作业活动消耗资源费用的水平不同，因此不能把耗用的资源按产量等因素均衡地分配到产品中，而应先按作业活动归集发生的间接费用，然后根据决定或影响作业活动发生的因素，将其分配给不同产品。其基本原则是：产品消耗作业，作业消耗资源；生产导致作业的产生，作业导致成本的发生。作业成本法首先以作业为间接费用归集对象，归集间接费用，形成作业成本，再按不同作业的形成原因（成本动因），将其逐一分配到产品或产品线中。

二、作业成本法计算步骤

1. 分析和确定物流作业构成，建立物流作业成本库

使用作业成本法计算物流成本，必须将企业的各项物流作业尤其是主要物流作业清楚、正确地辨认、描述和确认出来，并建立物流作业成本库（物流作业中心）。

（1）辨别物流作业

作业是工作的各个单位，作业的类型和数量会随着企业的不同而不同。例如，对客户服务部门来说，作业包括处理客户订单、解决产品问题和提供客户报告三项。物流作业主要有以下几种：

1）原材料或劳务的接收、储存、分配，如原材料搬运、车辆调度等。

2）生产物流活动，如材料准备、设备测试等。

3）产品集中储存和销售，如库存管理、送货车辆管理、订单处理等。

4）产品或服务营销，如报价、定价等。

5）仓库、物流设备设施等投入活动，企业物流管理、物流会计等活动。

（2）合理确认物流作业

物流作业必须在合理范围内确认，范围太大或太小，都不利于物流成本计算。确认物流作业时应遵循以下原则：

1）不同人执行的作业是不同作业。

2）一项作业一般不多于 15 个密切相关的操作。

3）把一项作业中不相关的操作分解出去。

4）不分解只有一项投入和产出的作业。

5）每个职能部门中，功能明确的作业一般是 2 ~ 10 个。

6）不分解不能改变的作业。

7）不分解对决策意义不大的作业。

（3）建立物流作业成本库（物流作业中心）

物流作业成本库是成本归集和分配的基本单位，它由一项作业或一组性质相似的作业所组成。建立物流作业成本库时，需从以下方面考虑：

1）核算目的。若为获得相对准确的物流成本信息，则应对质相似和量相关的物流作业进行高度合并；若为加强物流作业管理，则应以利于部门管理为目的，在质相似的前提下，将次要物流作业合并到主要物流作业中。

2）作业重要性。应将对现在和将来重要的物流作业单独设为一个物流作业中心。

3）作业相似性。根据实际情况，合理合并作业动因相同、相似的物流作业。

正确确定物流作业，并建立物流作业成本库，是进行物流作业成本计算必不可少的环节，应当引起企业足够的重视。

重点提示

物流作业成本库是成本归集和分配的基本单位，它由一项作业或一组性质相似的作业所组成。由于作业消耗资源，伴随作业发生，物流作业成本库也叫作业中心。

2. 分析和确定物流资源

资源是成本的源泉，一家企业的资源包括直接人工、直接材料、生产维持成本（如采购人员的工资成本）、间接制造费用和生产过程以外的成本（如广告费用）。资源的界定是在作业界定的基础上进行的，每项作业必涉及相关的资源，与作业无关的资源应从物流核算中剔除。

3. 确认物流成本动因

成本动因是指诱发企业成本发生的各种因素，也是引起成本发生和变化的原因，可分为资源动因和作业动因。

物流资源动因反映了物流作业量与资源耗费之间的因果关系，说明资源被各作业消耗的原因、方式和数量。因此，物流资源动因是把资源分摊到作业中去的衡量标准。作业成本计算要观察、分析物流资源，为每项物流资源确定动因。例如仓库面积、体积是仓库折旧的资源动因。

物流作业动因是最终成本对象耗费物流作业的原因和方式，反映成本对象使用物流作业的频度和强度。例如，商品检验活动的作业动因是商品检验的次数，它是分配、计算商品检验成本的依据。

进行物流作业成本计算时，物流成本动因的确认是难度最大也是最关键的步骤。物流成本动因确认不当，将影响物流成本的计算。物流成本动因分为作业批次数量（它导致了物流作业计划的制订、机械设备调试成本的发生）、购货单数量（它导致了采购、收货部门物流成本的发生）、发货单数量（它导致了发货部门物流成本的发生）、销货单和用户的数量（它导致了销售部门物流成本的发生），以及物流职工人数和工作通知单的数量（它是后勤服务和管理部门物流成本发生的原因）。

辨别成本动因种类，以此确定适当的物流成本动因。例如，生产准备部工人的工资分配以人工小时为资源动因，以生产准备次数为作业动因；采购部职员的工资分配以职工人数为资源动因，以采购合同为作业动因。

4. 分配计算物流成本至成本对象

物流资源是物流成本耗费的基础。分配计算物流成本从分配计算物流资源开始。首先确定好物流资源，根据资源动因，把物流资源分配至各物流作业中心，形成物流作业成本库。然后根据作业动因，将各作业成本库中的物流成本分摊至各成本计算对象。

5. 计算各成本对象的物流总成本

将成本对象中分摊的各物流作业成本加总，即得成本对象负担的间接物流成本。再加上直接物流成本，就是各成本对象的物流总成本，并可据以计算单位物流成本。

物流作业成本法深入作业，为对间接成本和辅助资源进行更为合理的分配和计算提供了更科学、更准确的物流成本数据。

例如，某公司有一生产支持中心仓库，年成本为50万元（主要是人工成本）。公司有一小批产品甲，年产量为1 000件，耗用直接人工1 000 h，公司直接人工总时数400 000 h。该仓库有12名员工，其中6名负责外购部件的接收，3名负责原材料的清点、入库和记账，3名负责将材料送至生产地点。据仓库负责人介绍，决定接、送料的关键因素是接送料的次数。所以仓库资源动因是接送次数。作业成本法的作业中心成本分配见表2–13。

表 2-13 **作业中心成本分配**

作业中心	人数（人）	总成本（元）
外购部件接收	6	250 000
原材料清点、入库和记账	3	125 000
材料发送	3	125 000

该公司当年接收了 25 000 次外购部件，10 000 次原材料，进行了 5 000 次生产运送，仓库每项作业的单位成本见表 2-14。

表 2-14 **仓库每项作业的单位成本**

作业中心	分配标准	单位成本（元 / 次）
外购部件接收	每年次数（2.5 万）	10
原材料清点、入库和记账	每年次数（1 万）	12.5
材料发送	运送次数（0.5 万）	25

假定甲产品需要耗用 200 次外购部件，50 次原材料接收，10 次生产运送，则甲产品应负担的物流成本为：

$$10 \times 200+12.5 \times 50+25 \times 10=2\,875\text{（元）}$$

思考练习题

1. 企业物流成本由哪些部分构成？
2. 如何选取物流成本计算对象？
3. 物流成本计算包括哪些步骤？
4. 什么是作业成本法？
5. 什么是成本动因？它是如何细分的？
6. 简述成本作业法的基本原理。
7. 成本作业法具有哪些特点？
8. 某企业核算期内 A、B、C 三种产品的运输量分别为 10 000 t、5 000 t、8 000 t，总运输成本为 484 000 元，计算 A、B、C 应分配的运输成本。

案例分析

美、日物流成本计算的范围和方法及其对我国物流行业的启示

1. 美国物流成本计算的范围和方法

美国的物流成本主要由三部分组成，即库存费用、运输费用和管理费用。比较近20多年来的变化可以看出，运输费用在GDP中的比例大体保持不变，而库存费用比重降低是美国物流总成本比例下降的最主要的原因。这一比例由过去接近5%下降到不足4%。可见，降低库存成本、加快物资和资金流转速度是美国现代物流发展的突出成绩。也就是说，利润的源泉更集中在降低库存、加速物流和资金流转方面。

2. 日本物流成本计算的范围和方法

日本物流成本计算的依据是1997年日本运输省制定的《物流成本计算统一标准》。该标准按三种不同的方式规定了物流成本的计算标准。

（1）按物流范围划分的物流费用计算标准

按物流范围不同，将物流费用分为供应物流费用、生产物流费用、企业内物流费用、销售物流费用、退货物流费用和废弃物物流费用六种类型。

（2）按支付形式划分的物流费用计算标准

按支付形式划分的物流费用包括材料费、人工费、公益费、维护费、一般经费、特别经费和委托物流费用等。

（3）按物流功能划分计算物流费用

按物流功能划分的物流费用包括运输费、保管费、包装费、装卸费、信息费和物流管理费。

3. 对我国物流行业的几点重要启示

（1）降低物流成本是提高效益的重要战略措施

中国的经济规模很大，降低1%的物流成本，就等于增加了数百亿美元的效益，这是一笔巨大的利润。

（2）减少库存支出是降低物流费用的主要来源

美国的实践表明，物流成本中运输部分的比例大体不变，减少库存支出就成为降低物流费用的主要来源。减少库存支出就是要加快物资和资金流转速度、压缩库存，这与同期美国库存平均周转期降低的现象是吻合的。因此，发展现代物流就是要把目标锁定在加速物流和资金流转、降低库存水平上面。

（3）物流成本的概念必须拓展

库存支出不仅仅是仓储的保管费用，更重要的是要考虑它所占用的库存资金成本，理论上还应该考虑因库存期过长造成的商品贬值、报废等代价，尤其是产品周期短、竞争激烈的行业，如信息技术、电子、家电等。总之，只有在物流成本中包含物资和资金流转速度的内涵，才能真正反映物流的作用，做出准确的评价。

分析案例并回答下列问题：

1. 利用互联网络收集相关资料，比较我国与美国在物流成本状况方面的异同。
2. 阅读完此案例后，你有什么感想？请简要阐述。

第三章　物流成本预算与控制

【引导案例】

中货航控制物流成本有新招

中国货运航空有限公司（简称“中货航”）控制物流成本有如下新招：大张旗鼓倡导勤俭办企业，坚决把好预算关、采购关和管理关。

1. 中货航主管部门将对各使用部门提出的费用预算额进行核实、了解，尽可能做到定额合理、预算准确。

2. 要求各分管部门在采购计算机、办公用品、塑料薄膜等物品时要货比三家，杜绝暗箱操作，增加透明度。

3. 实行费用管理三级制，即主管部门、分管部门、使用部门三级管理，使用部门还必须安排专人管理，并做好台账记录。

4. 中货航各部门还想方设法地从内部开源节流。例如，总调度室在对基层单位使用的SITA电传终端情况做实地了解后，立即取消了浦东货站营业厅内15个闲置的SITA电传地址，从而为企业每月节省了近3万元的开支。

5. 在浦东、虹桥两机场实施了三地联网工程，从而使东航分机、中货航分机及浦东物流中心分机三地之间可免费拨打。

6. 中货航总经办在核算去年办公费用的基础上，将今年的总定额下调了9%左右，使开支不随业务量的增长而递增，并在该费用范围内对各部门采取“定额控制，相对统一采购”的办法。物资基建部在板箱修理方面做到跟踪及时、审价准确。

7. 中货航对驻外营业部、办事处的成本费用也实行了新的管理措施，即将财务指标、销售指标、安全服务指标三项各自所占的比重用承包法进行综合考核，彻底改变了过去仅注重其中某一项指标而忽略了整体业绩和多元性，仅体现静态性、经验性而忽略了动态性和科学性的状况，从而较客观地反映了驻外单位的生产经营情况，同时也对它们的成本费用起到了一定的制约作用。

一系列新举措为企业减少了不必要的支出和浪费。

针对此案例，讨论加强物流成本预算和控制的作用。

第一节　物流成本预算

一、物流成本预算及其作用

所有以货币形式及其他数量形式反映的有关企业未来一定期间内全部物流活动的行动计划与相应措施的数量说明，称为物流成本预算。

物流成本预算有两种职能，一项为预算编制，另一项为预算控制。作为计划本身与计划实施、控制的中间环节，物流成本预算具有重要作用，主要包括以下几点。

1. 建立成本目标，明确实现目标的路径

企业的物流活动要有目标，它不仅要指明未来行动的方向，而且还要说明行动结果的数量要求，否则就无法实现对物流活动的有效控制。物流成本预算加强了计划目标的可比性，在计划执行过程中作为依据及时明确地提供偏差信息，以便管理层采取有效措施，果断决策。同时，物流成本预算使计划目标明确化，便于个人与组织理解和把握，帮助其了解自身在企业整体工作中的地位和作用，从而强化了计划目标的指导性和激励性。

2. 协调企业的物流活动

企业物流的总体经营目标必须层层分解为物流各部门、人员和经营环节的具体目标，才能够得到落实。而最重要的是各部门、人员和经营环节的具体目标在方向上必须与总体经营目标保持一致，总体经营目标才有可能最终实现。编制物流成本预算可以把各组织层次、部门、人员和环节的目标有机地结合起来，明确它们之间的数量关系，有助于各个部门和经营环节通过正式渠道加强内部沟通并互相协调努力，从整个物流系统的角度紧密配合，取得最大的经济效益。

3. 提供控制日常物流活动的标准

在日常物流活动中，各项物流活动进展如何，是否符合预定进程，能否实现计划目标，都需要根据一定的标准进行分析和判断，以便及时采取措施。有了物流成本预算，有关部门和单位就可以以预算为依据，通过计量、对比，及时提供实际执行结果与预算标准之间的差异数额，分析其原因，采取有效的措施，保证预算任务和目标的顺利实现。

4. 确定评价物流工作业绩的依据

物流成本预算在确立组织内部各部门、环节、人员行动目标的同时，也进一步明确了他们所承担的经济责任，使之能够被客观评价并具有可考核性，即通过实际数与预算数的比较分析，可以检查评价各部门、人员和环节的经济责任和计划任务的完成情况。

重点提示

物流成本计划是以物流成本预算为基础的。物流成本预算是根据对未来期间的物流成本进行预测而编制的。在确定物流成本预算之前，需要根据历史数据，并通过各种调查或运用适当的统计和数学方法，预测物流活动各个环节中发生的各项成本。做好物流成本预算可以在掌握物流成本现状、预计未来物流成本方面有充分的主动性，从而使物流成本计划更加准确可靠，并有助于降低物流成本。

二、物流成本预算的编制方法

1. 弹性预算

（1）弹性预算的概念

弹性预算就是在编制物流成本费用预算时，预先估计预算期间业务量可能发生的变化，编制出一套能适应多种业务量水平的成本费用预算，以便分别反映在各种业务量水平下所应开支的费用水平。

物流活动在实际经营过程中经常会发生变化，因此，为适应变化而编制物流成本预算就显得非常必要。

知识链接

弹性预算是相对于固定预算而言的。固定预算是指根据预算期内正常的、可实现的某一业务量水平为唯一基础编制的预算。其特点是：第一，不考虑预算期内业务量水平可能发生的变动，只以某一确定的业务量水平为基础，预测其相应的数额；第二，将预算的实际执行结果与按预算期内计划规定的某一业务量水平所确定的预算数进行比较分析，并据以进行业绩评价考核。这种预算方法的最大缺点是当实际的业务量与编制预算所根据的业务量发生较大差异时，各项费用的实际数与预算数就缺少了可比的基础。

（2）弹性预算的特点

在企业物流规模和业务量水平不断发生变化时，弹性预算数额能够随着业务量水平的变化而做机动的调整，使之仍然能够准确、真实地反映某一特定物流经营规模和业务量水平上所应当发生的成本费用或应当取得的收入。因此，即使预算期内实际业务量与预计的业务量不一致，通过编制弹性预算，也能够提供与实际业务量水平相适应的预算额，从而能够使预算指标与实际业绩进行比较，有利于对某些物流经营活动进行有效的控制。

（3）弹性预算的编制过程

1）确定各物流成本费用的成本性态。所谓成本性态是指成本总额对业务量的依存关系。弹性预算的编制以成本性态为基础，把物流成本项目划分为变动成本和固定成本。变动成本是随业务量增长而正比例增长的成本，如运输中的燃油费，包装消耗的直接材料费。固定成本是不受业务量影响的成本，如物流设施和设备的折旧费。

2）选取恰当的业务量为计量对象。编制弹性预算时，要随业务量水平的变化计算出不同的计划成本。因此，应选择代表性强的业务量作为计量对象，并要求所选取的计量对象与预算中的变动部分有直接联系。经常选取的业务量有直接人工工时、运输吨公里、作业工人工资、机械运转时数等。

3）确定各项物流成本与业务量之间的数量关系。逐项研究、确定各项物流成本与业务量之间的数量关系。固定成本一般不随业务量变化而变化。对于变动成本，需确定单位业务量的变动成本，即增加一单位业务量而增加的成本。

（4）弹性预算的编制方法

1）列表法。先确定业务量变化范围，划分出若干个业务量水平，再分别计算各项物流成本项目的预算成本，汇总列入一个预算表格。确定业务量变动范围时应满足业务量实际变动需要。确定的方法有以下几种：把业务量范围确定在正常业务量的70%～110%；把历史上的最低业务量和最高业务量分别作为业务量范围的下限和上限；对企业预算期的业务量做出悲观预测和乐观预测，分别作为业务量的下限和上限。

2）公式法。将所有物流成本项目分解为固定成本和变动成本，确定预算成本计算式 $y=a+bx$ 中的系数。其中 a 为固定成本总额，b 为单位变动成本，x 为业务量。利用该公式可计算任一水平业务量的物流成本预算。

假定某公司业务量（物流商品流转量）有 40 000 元、30 000 元、20 000 元、15 000 元等变化，物流费用弹性预算见表 3–1。

表 3–1　物流费用弹性预算

费用类型	费用明细项目	变动费用分配率	物流商品流转量（元）			
			40 000	30 000	20 000	15 000
变动费用	包装费	0.4	16 000	12 000	8 000	6 000
	运输费	0.6	24 000	18 000	12 000	9 000

续表

费用类型	费用明细项目	变动费用分配率	物流商品流转量（元）			
			40 000	30 000	20 000	15 000
变动费用	搬运费	0.3	12 000	9 000	6 000	4 500
	流通加工费	0.5	20 000	15 000	10 000	7 500
	装卸费	0.2	8 000	6 000	4 000	3 000
	小计		80 000	60 000	40 000	30 000
固定费用	保管费		12 000	12 000	12 000	12 000
	订货处理费		15 000	15 000	15 000	15 000
	信息流通费		10 000	10 000	10 000	10 000
	物流管理费		6 000	6 000	6 000	6 000
	客户服务费		2 000	2 000	2 000	2 000
	小计		45 000	45 000	45 000	45 000
物流费用			125 000	105 000	85 000	75 000

值得注意的是，弹性预算不仅适用于物流费用预算的编制和控制，实际上，任何随业务量的变化而变化的预算项目均可以采用这种方法编制预算，从而为预算控制提供了一个有效的方法。

2. 零基预算

（1）零基预算的概念

零基预算是与增量预算相对的。传统的增量预算一般是以基期的各种物流费用项目的实际开支数为基础，结合预算期内可能会使各种物流费用项目发生变动的有关因素，如业务量的增减等，然后确定预算期内应增减的数额，即在原有的基础上增加或减少一定的百分率来编制物流预算。这种方法受基期的约束较强，往往不能做到实事求是、精打细算，会造成较大的浪费，使企业的物流资源运用效率下降。

零基预算是以零为基础编制预算和计划的方法，是指在编制预算时，所有的物流成本预算支出均以零为基础，不考虑前期的情况如何，重新研究分析每项预算是否有必要支出和支出数额的大小。一切预算收支都建立在成本效益分析的基础上，对每项物流活动所实现企业目标的意义和效果进行重新审查，重新对各项物流活动进行优先次序排列，依据每项物流活动的重要程度和优先次序分配资金和其他资源，以此达到效益最大化。

零基预算过程是对企业的所有物流活动进行再评价，进一步明确哪些活动的资金应该取消，哪些活动的资金应该增加，哪些活动的资金应该减少，哪些活动的资金应当维持目前的水平等。

（2）物流零基预算的编制步骤

编制物流零基预算大体可以分为以下三个步骤：

1）提出物流预算目标。物流预算目标即由企业物流各部门和员工根据本企业在预算期内的总体经营目标和各部门应当完成的任务，在充分沟通酝酿的基础上提出必须安排的物流费用项目，并为每一物流费用项目编制一套开支方案，明确费用开支的目的和确切金额。

2）进行成本效益分析。成本效益分析即对每一个预算项目的所得与花费进行比较，以其计算、对比的结果衡量、评价各预算项目的经济效益，在权衡各个物流费用开支项目轻重缓急的基础上，决定对所有预算项目分配资金的先后顺序。

3）分配资金，落实预算。分配资金即根据以上确定的预算项目的先后次序，将企业物流活动在预算期内可动用的资金或其他经济资源在有关项目之间进行合理分配，既保证优先预算项目的资金需要，又要使预算期内各项物流经营活动得以均衡协调发展。

假定某公司采用零基预算法编制下一年度物流费用预算，具体过程如下：

第一步，由物流部门根据公司下年度利润目标、销售目标、成本目标，以及物流部门具体承担的物流经营任务的要求，提出计划期各项费用及其水平，见表3–2。

表3–2　计划期各项费用及其水平　元

费用名称	金额
物流部门人员工资及福利费	300 000
有关设备、仓库折旧费	60 000
生产要素采购费	40 000
广告宣传费	400 000
仓库挑选、整理、保管费	20 000
物流信息费	200 000

第二步，根据有关历史资料，对各种费用进行“成本效益”分析：生产要素采购费和仓库挑选、整理、保管费属于变动性物流费用，与特定的业务量相联系，是完成计划规定的物流业务活动必不可少的开支；有关设备、仓库折旧费和物流部门人员工资及福利费属于约束性固定成本，仍是企业必不可少的开支项目；广告宣传费和物流信息费属于酌量性固定成本，根据以往有关的平均费用金额和相应的平均收益金额计算成本效益比例，见表3–3。

表 3–3　　计算成本效益比例

明细项目	平均费用金额（元）	平均收益金额（元）	成本效益比例
广告宣传费	20 000	400 000	20
物流信息费	40 000	400 000	10

第三步，安排各项费用的开支顺序：生产要素采购费和仓库挑选、整理、保管费是必须支出的项目，需全额保证，列为第一层次；有关设备、仓库折旧费和物流部门人员工资及福利费列为第二层次；广告宣传费成本收益水平高于物流信息费，列为第三层次；物流信息费列为第四层次。

重点提示

约束性固定成本是指不受企业决策行为的影响的那部分固定成本，包括机器设备的折旧费、保险费和管理人员薪金等。酌量性固定成本是指受企业决策行为影响的那部分固定成本，包括广告费、新产品研究开发费和职工培训费等。

最后，分配现有资金和落实预算。如果企业可供物流部门使用的资金为 900 000 元，则分配结果见表 3–4。

表 3–4　　分配现有资金和落实预算　　元

费用名称	金额
生产要素采购费	40 000
仓库挑选、整理、保管费	20 000
有关设备、仓库折旧费	60 000
物流部门人员工资及福利费	300 000 小计：420 000
广告宣传费	320 000
物流信息费	160 000

其中，广告宣传费 =（900 000–420 000）× 20 ÷ 30=320 000（元）

物流信息费 =（900 000–420 000）× 10 ÷ 30=160 000（元）

物流零基预算的优点是不受历史资料和现行预算的限制，对一切物流业务活动及其费用开支都像组织创立时一样，以零为起点考虑其必要性和重要程度，然后重新分配企业的物流预算资源。因此，这种预算方式可以有效地压缩经费开支，提高资金的使用效果和合理性。当然，零基预算法的工作量较增量预算要繁重得多，所以企业可以每隔几年编制一次物流零基预算，而在其他时间仍编制增量预算，使企业物流预算保持动态调整，更好地发挥物流预算的效能。

3. 滚动预算

滚动预算又称永续预算，是指预算随着时间的推移而不断延伸并始终保持预算期恒定（通常为 1 年）的一种连续预算。

滚动预算是与定期预算相对的。通常情况下，物流成本预算的预算期是 1 年，以便和会计年度相配合，对预算执行结果进行分析和评价。但是，这种固定以 1 年为期的预算在实际运用中存在诸多缺陷。比如，由于对预算年度中靠后月份的物流经营活动无法准确预测，企业在编制物流预算时只能对其进行大致的估计和推测，这就使预算数往往不能符合实际情况，给预算执行造成很大的困难；再如，固定期间的预算在执行一段时期后，往往会使管理人员只考虑剩余月份的物流经济活动，因而缺乏长远打算。

为了解决定期预算的上述问题，企业可采用滚动预算的方法编制物流成本预算。这种方法要求预算始终保持 12 个月的时间跨度，其中前几个月的预算要详细完整，后几个月的预算可以适当笼统概括。每过 1 个月（或季度），就根据新的情况修订调整后几个月的预算，使之逐渐细化，并在原有的预算期末补充 1 个月（或季度）的预算，逐期向后滚动。

滚动预算编制如图 3–1 所示。

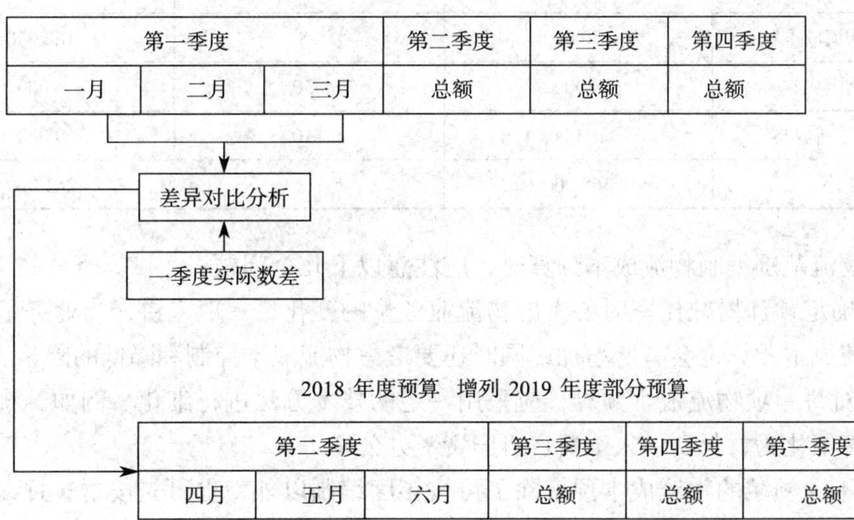

图 3–1 滚动预算编制

由于滚动预算的预算期不是固定的，而是连续不断的，故又被称为永续预算。这种预算方法符合企业持续经营的一般假设，使预算具有连续性和完整性，能够帮助管

理者通过动态的预算过程对企业未来较长一段时间的物流经营活动做出详细而全面的考虑。

此外，滚动预算方法符合人们对事物的认识过程，允许对预算做出调整和修正，以适应变化了的实际情况，从而提高了预算的科学性和有效性。

三、按不同成本对象编制物流成本预算

1. 按物流范围编制物流成本预算

按照物流范围编制的物流成本预算可以规划出计划期内各物流领域中的物流成本支出数目，从而作为各个领域的物流运营者降低物流成本的目标。以制造企业物流系统为例，按物流范围编制的物流成本预算可以包括供应物流成本预算、生产物流成本预算、销售物流成本预算、回收物流成本预算和废弃物物流成本预算等内容，见表 3–5。

表 3–5　　按物流范围编制的物流成本预算

成本项目	上年实际成本（元）	预计增减（%）	本年预算（元）
供应物流成本	80 000	–10	72 000
生产物流成本	120 000	–5	114 000
销售物流成本	150 000	+8	162 000
回收物流成本	8 000	–50	4 000
废弃物物流成本	10 000	–10	9 000
合计	368 000	—	361 000

在按物流范围编制物流成本预算时，应注意以下几个问题：

（1）确定预计增减比率时要考虑物流业务量的变化，一般来讲，当业务量预计增加时，物流成本预算也会有所增加，同时还要考虑物流成本控制和降低的因素。

（2）对每一项物流成本预算，应采用一定的技术方法进行细化。例如，将供应物流成本预算细化为材料费、人工费、折旧费、办公费等。

（3）不同领域的物流成本预算除了可按年度编制以外，也可先按季、月编制，然后汇总编制年度预算。如果企业物流量较大，且不同月份的物流业务量增减变化较为明显，则应先按季分月编制预算。

2. 按物流功能编制物流成本预算

按不同的物流功能编制的物流成本预算能够将不同功能的物流成本指标落实到具体的物流部门，从而有利于明确责任，便于考核管理，并能提高物流部门及人员降低物流成本的积极性。按物流功能编制的物流成本预算见表 3–6。

表 3–6　　按物流功能编制的物流成本预算

成本项目		上年实际成本（元）	本年预算（元）
物品流通费	包装费	60 000	64 000
	运输费	200 000	250 000
	仓储费	160 000	180 000
	装卸搬运费	50 000	60 000
	流通加工费	—	—
	配送费	—	—
	合计	470 000	554 000
信息流通费		10 000	11 000
物流管理费		40 000	40 000
总计		520 000	605 000

（1）包装成本预算的编制

包装费是指商品包装过程中所发生的费用，可分为直接包装费和间接包装费。直接包装费是指与商品包装业务量大小直接有关的各种费用，包括直接材料费、直接人工费和直接经费。间接包装费是指与各种商品包装有关的共同费用，如间接人工费和间接经费等。直接包装费随包装件数的增减而成比例增减，一般属于变动费用。间接包装费属于固定费用，但也有一部分商品的包装在进行成本预算时，先分析各类费用的变化特点，将其分类或分解成变动费用和固定费用两类，然后编制预算数据。直接包装费可按商品的包装件数乘以该商品每件的直接包装费计算确定。间接包装费可根据历史水平，结合计划期业务量的变动确定一个费用总额，然后按标准在各种包装对象之间进行分摊。

（2）运输成本预算的编制

运输费包括营业运输费和自营运输费两个部分。营业运输费是指利用营业性运输工具进行运输所发生的费用，自营运输费则是用自备运输工具进行运输所发生的费用。这两种费用在支付对象、支付形式及项目构成方面都有较大的差别，必须区别对待，

分别编制预算。

在进行营业运输时，运输费是直接以劳务费的形式支付给承运单位（运输企业）的。营业运输费实质上是一种完全的变动费用，因此这种运输费预算的编制较为简单。企业如果采用汽车运输，运输费可按汽车标准运输费率乘以运输吨公里数计算确定；如果采用火车运输，运输费可按铁路标准运输费率乘以运输吨公里数计算确定；水路运输、航空运输等的运输费依此类推计算。

尽管自营运输费的费用项目比较复杂，但在构成上可分为随运输业务量增减成比例增减的变动运输费（如燃料费、维修费、轮胎费等）和不随运输业务量成比例变化的固定运输费（如运输工具的折旧费、保险费、养路费等）。为了有效地实施预算控制，在编制自营运输费预算之前，首先需区分变动运输费和固定运输费，然后分别编制变动运输费预算和固定运输费预算，最后汇总形成运输费用预算数据。

例如，某公司采用自营运输方式，预计本年度运输业务量将为 300 万吨公里。根据上年实际情况及本年变化因素，编制本年度运输成本预算，见表 3–7。

表 3–7　　某公司自营运输成本预算

项目		变动费用率（元 /t · km）		运输费用（万元）	
		上年实际	本年预计	上年实际	本年预计
变动运输费	燃料费	0.9	1	252	300
	维修费	0.5	0.4	140	120
	轮胎费	0.7	0.8	196	240
	其他	0.4	0.4	112	120
	小计	2.5	2.6	700	780
固定运输费	折旧费			20	20
	养路费			8	8
	管理费	—	—	3	3
	其他			2	2
	小计			33	33
其他		—	—	733	813

（3）仓储成本预算的编制

仓储成本预算也是物流成本预算的重要组成部分。根据所使用的仓库是否归本企业所有，可将仓储形式分为自营仓储和营业仓储。由于自营仓储与营业仓储所支付的费用在形式与内容上都有很大的差别，不可等同对待，所以在编制仓储费预算时，也要分别编制营业仓储费预算和自营仓储费预算。

如果使用营业性仓储设备储存保管商品，只需向仓储企业支付一笔保管费，对于委托仓储的单位来说，所支付的保管费就是仓储费。仓储费的大小往往因储存商品的价值大小、保管条件的好坏和仓库网点所处的地理位置不同而有所不同。

自营仓储费预算的编制较营业仓储费预算复杂。这是因为自营仓储费包括的内容比营业仓储费多，计算起来比较麻烦。为编制自营仓储费预算，首先要区分变动仓储费和固定仓储费。属于变动仓储费的一般有转库搬运费、检验费、包装费、挑选整理费、临时人工工资及福利费、库存物资损耗等。属于固定仓储费的一般有仓储设备折旧费、修理费、管理人员的工资及福利费、保险费等。仓储费用中也有一部分是半变动费用，如其他人工费、材料费、动力费、水费、取暖费等。

自营仓储费预算可按月、季和年度编制。不论是月度、季度，还是年度预算，费用的计算方法基本相同。可根据上年统计数据结合考虑预算期的变化因素进行计算，然后编成预算表。

（4）装卸搬运成本预算的编制

装卸搬运费是指伴随商品包装、运输、保管、流通加工等业务而发生的商品在一定范围内进行水平或垂直移动所需要的费用，可以分为包装装卸搬运费、运输装卸搬运费、保管装卸搬运费和流通加工装卸搬运费等。如果在实际业务中单独计算装卸搬运费或进行这种分离很困难，也可以将装卸搬运费预算分别计算在相应的费用中，这样装卸搬运成本预算就包括在相应的费用预算中。

如果装卸搬运费预算可以独立计算，也需区分变动费用和固定费用，应分别编制预算，再汇总形成装卸搬运成本预算数据。

（5）信息流通成本预算的编制

信息流通费是指因处理、传输有关物流信息而产生的费用，包括与订货处理、储存处理、客户服务等有关的费用。在企业中，要将传输、处理的信息分为与物流有关的信息和物流以外的信息是十分困难的，但是把信息的传输处理所需要的费用进行上述分类，从物流成本的计算上讲却是十分重要的。物流信息流通费预算可以按其在全部信息费用中所占比例，结合物流业务量进行编制。

（6）物流管理成本预算的编制

物流管理费是指进行物流的计划、调整、控制、监督、考核等活动所需要的费用。它既包括企业物流管理部门的管理费，也包括作业现场的管理费。物流管理费多属于固定成本，可按部门分别编制后汇总形成物流管理费预算数据。

第二节 物流成本控制

一、物流成本控制的概念

物流成本控制是指在物流过程中，按照事先拟定的标准对物流成本形成的各种因素严格加以监督，发现偏差就及时采取措施加以纠正，从而使物流过程中各项资源的消耗和费用开支限制在标准规定的范围之内。

物流成本控制可以分为广义的物流成本控制和狭义的物流成本控制。广义的物流成本控制贯穿于物流过程的各个阶段，具体来说，包括事前控制、事中控制和事后控制。狭义的物流成本控制仅指事中控制，是指在物流过程中，从开始到结束对物流成本形成和偏离物流成本要素指标的差异所进行的日常控制。就目前来说，客观的实际情况要求不仅要注重日常物流成本控制，还必须重视事前的物流成本控制。

二、物流成本控制的原则

1. 经济性原则

这是物流成本控制最基本的原则。物流成本控制的目的是提高企业的经济效益，控制物流成本也是有代价的，要在保证控制有效的条件下，尽可能节省人力、物力、财力，控制方法的选用必须考虑经济效益。

2. 全面性原则

在物流成本控制中坚持全面性原则，具体来说有如下几方面的含义。

（1）全过程控制

物流成本控制不限于生产过程，而是从生产向前延伸到投资、设计，向后延伸到用户服务成本的全过程。

（2）全方位控制

物流成本控制不仅对各项费用发生的数额进行控制，还对费用发生的时间和用途加以控制，注重物流成本开支的经济性、合理性和合法性。

（3）全员控制

物流成本控制不仅要有专职物流成本管理机构和人员参与，还要发挥广大职工群众的重要作用，使物流成本控制更加深入和有效。

3. 责、权、利相结合原则

只有切实贯彻责、权、利相结合的原则，物流成本控制才能真正充分发挥其效益。显然，企业在要求内部各部门和单位履行物流成本控制职责的同时，必须赋予其在一定范围内决定某项费用是否可以开支的权利，否则，就无法进行物流成本控制。此外，企业还必须定期对物流成本绩效进行评估，并据此实行奖惩，充分调动各部门、单位及员工的积极性和主动性。

4. 目标控制原则

目标控制原则是指企业高层管理者以既定的目标作为管理人力、物力、财力和完成各项重要经济指标的基础。物流成本控制是目标控制的一项重要内容，即以目标物流成本为依据，对企业经济活动进行约束和指导，力求以最小的物流成本获取最大的利润。

5. 重点控制原则

重点控制原则是指管理人员不要把精力和时间平均分散在全部成本差异上，而应该突出重点，加强对异常差异的重点控制，提高物流成本控制的工作效率。

三、物流成本控制的步骤

1. 制定物流成本标准

物流成本标准是物流成本控制的准绳，物流成本标准首先包括物流成本预算中规定的各项指标。但物流成本预算中的一些指标都是综合性的，难以满足具体控制的要求，这就必须规定一系列具体的标准。确定这些标准的方法大致有以下三种。

（1）计划指标分解法，即将大指标分解为小指标。分解时，可以按部门、单位分解，也可以按功能分解。

（2）预算法，即用制定预算的办法制定控制标准。有的企业基本上是根据年度生产销售计划制定费用开支预算，并把它作为物流成本控制的标准。采用这种方法特别要注意从实际出发制定预算。

（3）定额法，即建立起定额和费用开支限额，并将这些定额和限额作为控制标准进行控制。在企业里，凡是能建立定额的地方，都应把定额建立起来。实行定额控制的办法有利于物流成本控制的具体化和经常化。

在采用上述方法确定物流成本控制标准时，一定要进行充分的调查研究和科学计算，同时还要正确处理物流成本指标与其他技术经济指标（如质量、生产效率等）的关系，从完成企业的总体目标出发，进行综合平衡，防止片面性。必要时，还应考虑多种方案，择优选用。

2. 监督物流成本的形成

监督物流成本的形成是指根据控制标准，经常对物流成本形成的各个项目进行检查、评比和监督，不仅要检查指标本身的执行情况，而且要检查和监督影响指标的各项条件，如设备、工作环境等。所以，物流成本日常控制要与生产作业控制等结合起来进行。

物流成本日常控制不仅要有专人负责和监督，而且要使费用发生的执行者实行自我控制，还应当在责任制中加以规定。这样才能调动全体职工的积极性，使物流成本的日常控制有群众基础。

3. 及时纠正偏差

及时纠正偏差是指针对物流成本差异发生的原因，查明责任者，辨别情况和轻重缓急，提出改进措施，加以贯彻执行。重大差异项目的纠正一般采用下列程序。

（1）从各种物流成本超支的原因中提出降低物流成本的课题。这些课题首先应当是那些物流成本降低潜力大、各方关心、可能实行的项目。提出课题的要求包括课题的目的、内容、理由、根据和预期达到的经济效益。

（2）课题选定以后，应发动有关部门和人员进行广泛的研究和讨论。要针对重大课题提出多种解决方案，然后进行各种方案的对比分析，从中选出最优方案。

（3）确定方案实施的方法、步骤，以及负责执行的部门和人员。

（4）贯彻执行确定的方案，在执行过程中也要及时加以监督检查。方案实行以后，还要检查方案实行后的经济效益，衡量是否达到了预期的目标。

四、物流标准成本控制方法

1. 物流标准成本的含义

物流标准成本是指经过调查分析和运用技术测定等科学方法制定的有效经营条件下应该实现的成本。物流标准成本是物流成本控制标准中最常见的一种。

2. 物流标准成本的制定

物流标准成本主要包括直接材料、直接人工和物流服务费用的标准成本，三个数据相加可得单位物流服务标准成本。成本的每部分均表现为价格与数量的乘积形式，制定标准成本也必须考虑这两个因素，这有利于今后分析成本差异及明确责任归属。

（1）物流直接材料标准成本的制定

物流直接材料标准成本由物流直接材料价格标准和物流直接材料用量标准确定。计算公式如下：

物流直接材料标准成本 = 价格标准 × 用量标准

价格标准应包括发票价格、运费、检验费用和正常损耗等，所以需要在征询采购部门的意见后制定。用量标准应根据企业物流作业流程状况和管理要求等制定。

（2）物流直接人工标准成本的制定

物流直接人工标准成本由物流工资率标准和物流人工用量标准确定。计算公式如下：

物流直接人工标准成本 = 标准工资率 × 工时标准

在制定标准成本时，如果是计件工资，标准工资率就是计件工资单价，如果是计时工资，标准工资率是单位工时工资，它可由标准工资总额除以标准总工时得到。工时标准则需要根据现有物流运作技术条件测算提供某项物流服务所需的时间而得出，包括调整设备时间、直接服务操作时间、工间休息时间等。

（3）物流服务费用标准成本的制定

物流服务费用标准成本分为变动物流服务费用标准成本和固定物流服务费用标准成本。

1）变动物流服务费用标准成本。变动物流服务费用标准成本由变动物流服务数量标准和变动物流服务价格标准确定。数量标准可采用单位物流服务直接人工工时标准、机械设备工时标准或其他标准，但需与变动物流服务费用存在较好的线性关系。价格标准即每小时变动物流服务费用的标准分配率，可以根据变动物流服务费用预算除以数量标准总额得到。在采用单位物流服务直接人工工时标准时，变动物流服务费用标准成本计算公式如下：

变动物流服务费用标准成本 = 单位物流服务直接人工标准工时 ×
每小时变动物流服务费用的标准分配率

其中：

每小时变动物流服务费用的标准分配率 = 变动物流服务费用预算总额 ÷
物流直接人工标准总工时

2）固定物流服务费用标准成本。固定物流服务费用标准成本由固定物流服务数量标准和固定物流服务价格标准确定。数量标准和价格标准的确定与变动物流服务费用标准成本相同。

固定物流服务费用标准成本 = 某物流服务直接人工标准工时 × 每小时固定物流服务费用的标准分配率

其中：

每小时固定物流服务费用的标准分配率 = 固定物流服务费用预算总额 ÷ 物流直接人工标准总工时

3. 物流成本差异的计算与分析

物流成本差异是指企业物流的实际成本与其标准成本之差。物流标准成本由物流直接材料、物流直接人工和物流服务费用三大部分组成，物流成本差异也相应分为物流直接材料成本差异、物流直接人工成本差异和物流服务费用成本差异三部分。

管理部门通过观察、分析差异，就可了解各部门的效率，提高对物流经营活动的调控能力，并利用差异评价各责任部门的业绩。导致成本差异的原因各种各样，总差异往往是多种因素综合作用的结果，但从计算的角度看，这些因素总体可归结为“用量因素”和“价格因素”两类，由这两种因素变动形成的差异分别称为用量差异和价格差异。成本差异分析的基本方法就是将物流直接材料、物流直接人工和物流服务费用三部分差异分别分解为用量差异和价格差异。计算差异的通用模型为：

（1）实际价格 × 实际用量
（2）标准价格 × 实际用量
（3）标准价格 × 标准用量

（1）－（2）= 价格差异
（2）－（3）= 用量差异
（1）－（3）= 总差异

在计算物流直接材料成本差异、物流直接人工成本差异、变动物流服务费用成本差异时，可直接套用该通用模型。

（1）物流直接材料成本差异分析

物流直接材料成本差异由物流直接材料价格差异和物流直接材料用量差异组成。计算公式如下：

物流直接材料成本差异 = 物流直接材料实际成本 － 物流直接材料标准成本

物流直接材料用量差异 =（材料实际用量 － 材料标准用量）× 材料标准价格

物流直接材料价格差异 =（材料实际价格 － 材料标准价格）× 材料实际用量

多种原因可能造成物流直接材料用量差异，如采用了新的包装技术但用料标准未随之改变、操作工人技术不过关或责任心差等。这类差异的责任一般应由操作部门承担。导致物流直接材料价格差异的原因也很多，如没有按经济批量进行采购、采购时舍近求远等。这类差异的责任一般在采购部门。

（2）物流直接人工成本差异分析

物流直接人工成本差异由物流直接人工效率差异（用量差异）和物流直接人工工资率差异（价格差异）组成。可用公式表示为：

物流直接人工成本差异 = 物流直接人工实际成本 – 物流直接人工标准成本

物流直接人工效率差异 =（实际人工工时 – 标准人工工时）× 标准工资率

物流直接人工工资率差异 =（实际工资率 – 标准工资率）× 实际人工工时

物流直接人工效率差异的形成原因是多方面的，如用人不当、作业工人经验不足、路况差导致额外运输时间，以及物流机械设备陈旧、低效等。这类差异的主要责任在操作部门。导致物流直接人工工资率差异的原因有多种，如工资制度的变动、临时工的变动等。劳动人事部门一般应对这类差异负责。

（3）物流服务费用成本差异分析

物流服务费用成本差异分为变动物流服务费用成本差异和固定物流服务费用成本差异。

1）变动物流服务费用成本差异分析。变动物流服务费用成本差异由变动物流服务费用效率差异（用量差异）和变动物流服务费用耗费差异（价格差异）构成。用公式表示为：

变动物流服务费用成本差异 = 变动物流服务费用实际成本 – 变动物流服务费用标准成本

变动物流服务费用效率差异 =（实际工时 – 标准工时）× 变动物流服务费用标准分配率

变动物流服务费用耗费差异 =（变动物流服务费用实际分配率 – 变动物流服务费用标准分配率）× 实际工时

引起变动物流服务费用效率差异的原因与引起物流直接人工效率差异的原因基本相同。变动物流服务费用耗费差异的形成往往是因为变动物流服务费用开支额或工时耗费发生变化，责任一般在物流操作部门。

2）固定物流服务费用成本差异分析。固定物流服务费用成本差异由固定物流服务费用耗费差异、固定物流服务费用闲置能量差异和固定物流服务费用效率差异组成。计算公式如下：

固定物流服务费用成本差异 = 固定物流服务费用实际成本 – 实际物流作业量的标准成本

固定物流服务费用耗费差异 = 固定物流服务费用实际成本 – 固定物流服务费用标准成本

固定物流服务费用闲置能量差异 =（计划物流作业量标准工时 – 实际物流作业量标准工时）× 标准费用分配率

固定物流服务费用效率差异 =（实际物流作业量标准工时 – 实际物流作业量实际工时）× 标准费用分配率

固定物流服务费用效率差异产生的原因与物流直接人工效率差异的原因大致相同。导致固定物流服务费用闲置能量差异的原因主要是开工不足、车辆开动率和仓容利用率低，责任往往在管理部门。导致固定物流服务耗费差异的原因比较复杂，如标准成本制定得不切实际、实际物流服务量少于计划等。对这类差异要进行深入分析，才能分清责任部门。

通过分析标准成本差异产生的原因，找到责任部门，就可以采取积极有效的措施，控制不恰当差异，降低物流成本。

【例 3—1】某企业物流标准成本资料见表 3-8，实际成本资料见表 3-9。该企业预计全月计划物流作业量标准总工时为 5 000 h，提供物流服务 500 次，实际提供物流服务 520 次，购入直接材料 80 000 kg。请计算该企业的物流成本差异。

表 3-8　　某企业物流标准成本资料

成本项目	标准单价或标准分配率	标准用量	标准成本（元）
物流直接材料	1（元 /kg）	150（kg）	150
物流直接人工	5（元 /h）	10（h）	50
变动物流服务费用	2（元 /h）	10（h）	20
物流变动成本合计			220
固定物流服务费用	1（元 /h）	10（h）	10
单位物流标准成本			230

表 3-9　　某企业物流实际成本资料

成本项目	实际单价或实际分配率	实际用量	实际成本（元）
物流直接材料	1.10（元 /kg）	148（kg）	162.8
物流直接人工	5.20（元 /h）	9.5（h）	49.4
变动物流服务费用	1.80（元 /h）	9.5（h）	17.1
物流变动成本合计			229.3
固定物流服务费用	1.20（元 /h）	9.5（h）	11.4
单位物流实际成本			240.7

解：

1. 计算物流直接材料成本差异

（1）以采购量为基础计算

物流直接材料价格差异 =（1.1−1）×80 000=8 000（元）

物流直接材料用量差异 =（148×520−150×520）×1=−1 040（元）

由于价格差异以采购量为基础计算，与实际耗用量不同，故无法计算实际成本与标准成本的差异总额。这一计算方法的优点在于能为管理部门及时提供材料采购的差异信息，在责任会计制度下，该方法有利于分清经济责任。

（2）以耗用量为基础计算

物流直接材料价格差异 =［（1.1−1）×148］×520=7 696（元）

物流直接材料用量差异 =（148×520−150×520）×1=−1 040（元）

物流直接材料成本差异 =7 696−1 040=6 656（元）

物流直接材料价格差异以耗用量为基础计算，优点在于它与用量差异以同一耗用量为基础计算，可为管理部门提供物流直接材料成本差异的信息。

2. 计算物流直接人工成本差异

物流直接人工工资率差异 =（5.2−5）×9.5×520=988（元）

物流直接人工效率差异 =（9.5−10）×520×5=−1 300（元）

物流直接人工成本差异 =988−1 300=−312（元）

3. 计算变动物流服务费用成本差异

变动物流服务费用耗费差异 =（1.8−2）×9.5×520=−988（元）

变动物流服务费用效率差异 =（9.5−10）×520×2=−520（元）

变动物流服务费用成本差异 =−988−520=−1 508（元）

4. 计算固定物流服务费用成本差异

固定物流服务费用耗费差异 = 固定物流服务费用实际成本 − 固定物流服务费用标准成本 = 实际工时 × 实际分配率 − 标准工时 × 标准分配率 =1.2×9.5×520−1×10×500=928（元）

固定物流服务费用闲置能量差异 =（计划物流作业量标准工时 − 实际物流作业量标准工时）× 标准费用分配率 =（10×500−9.5×520）×1=60（元）

固定物流服务费用效率差异 =（实际物流作业量标准工时 − 实际物流作业量实际工时）× 标准费用分配率 =（9.5×520−10×520）×1=−260（元）

固定物流服务费用成本差异 =928+60−260=728（元）

五、物流目标成本控制方法

1. 物流目标成本的含义

物流目标成本是指在一定的条件下，为确保实现合理的利润，在成本方面应达到的奋斗目标。

物流目标成本控制方法是一种全过程、全方位、全人员的成本管理方法。全过程是指供应链产品从生产到售后服务的一切活动，包括供应商、制造商、分销商在内的各个环节。全方位是指从生产过程管理到后勤保障、质量控制、企业战略、员工培训、财务监督等企业内部各职能部门各方面的工作，以及企业竞争环境的评估、供应链管理、知识管理等。全人员是指从高层管理人员到中层管理人员、基层服务人员、一线生产员工。物流目标成本控制方法在作业成本法的基础上考察物流作业效率、人员业绩、物流成本，分清每一项资源的来龙去脉、每一项物流作业对整体目标的贡献。总之，传统成本法局限于事后的成本反映，没有对成本形成的全过程进行监控。作业成本法局限于对现有作业的成本监控，没有将物流的作业环节与客户的需求紧密结合。物流目标成本控制方法能保证企业的产品以特定的功能、成本及质量进行生产，然后以特定的价格销售，并获得令人满意的利润。

2. 物流目标成本控制

物流目标成本控制会因企业物流活动内容的不同而不同，但大体上可以分为五个阶段，即初步确定物流目标成本、物流目标成本可行性分析、物流目标成本分解、实现物流目标成本、物流目标成本追踪考核与修订。

（1）初步确定物流目标成本

物流目标成本的确定包括两个方面，物流总目标成本和物流单项目标成本。

1）物流总目标成本的确定。首先根据企业经营目标确定预计服务收入，其次是根据企业的物流经营决策确定目标利润。物流目标成本可以根据预计服务收入减去物流目标利润后的差额确定，计算公式如下：

物流目标成本 = 预计服务收入 – 物流目标利润

预测物流目标利润的方法有：

①目标利润率法。目标利润率法是根据有关的目标利润率指标测算企业的物流目标利润的一种方法，计算公式如下：

物流目标利润 = 预计服务收入 × 同类企业平均服务利润率 = 本企业净资产 × 同类企业平均净资产利润率 = 本企业总资产 × 同类企业平均资产利润率

【例 3—2】某企业物流运输的行业平均服务利润率为 17.764%，预计本年服务量为 408 万吨公里，服务的市场价格为 1 元 / 吨公里。试计算其物流目标利润、物流目标总成本和物流目标单位成本。

解：

物流目标利润 =408 × 1 × 17.764% ≈ 72.5（万元）

物流目标总成本 =408 × 1−72.5=335.5（万元）

物流目标单位成本 =335.5 ÷ 408 ≈ 0.82（元 / 吨公里）

②上年利润基数法。上年利润基数法是指在上年利润的基础上计算物流目标利润，计算公式如下：

物流目标利润 = 上年物流利润 × 利润增长率

这样测算出的目标成本只是初步的设想，在物流目标成本制定过程中，需要不断进行修正。

2）物流单项目标成本的确定。测算各项服务、作业目标成本时，可按倒扣法和比价测算法。

①倒扣法。其计算公式如下：

物流单位服务目标成本 = 预计单价 – 单位服务目标利润 – 预计单位服务税金 – 预计单位服务期间费用

知识链接

期间费用是本期发生的不能直接或间接归入某种服务的费用，包括物流行政管理部门发生的费用、物流营销活动发生的费用等。

②比价测算法。该方法是将服务或作业与原来相似服务或作业进行对比，对与原来一样的环节，按原成本指标测定；对新的不同环节，按新材料标准成本、作业工时标准等加以估算测定。

（2）物流目标成本可行性分析

物流目标成本的可行性分析是指对初步测算得出的物流目标成本是否切实可行做出的分析和判断，包括分析预计服务收入、分析物流目标利润和分析目标成本。

企业分析预计服务收入有多种方法，可以进行市场调研，调查客户需要的物流服务功能和特色，也可以对竞争者进行分析，掌握竞争者物流服务的功能、价格、品质和服务水平等有关资料，并与本企业的资料进行对比。企业在进行客户需求研究、竞争者分析之后，可以通过比较确定自己预计服务收入的可行性。企业分析物流目标利润应与企业的中长期目标及利润计划相配合，同时考虑销售、利润、投资回报、现金流量、物流服务的品质、成本结构、市场需求、销售政策等因素的影响。最后是企业根据自身实际成本的变化趋势、同类企业的成本水平，充分考虑成本节约的能力，分析物流目标成本的可行性。

（3）物流目标成本分解

物流目标成本分解是指设立的物流目标成本通过可行性分析后，将其自上而下按照企业的组织结构逐级分解，落实到有关的责任中心。物流目标成本分解通常不是一次完成的，需要进行一定的循环，不断修订，有时甚至需要修改原来设立的目标。物流目标成本分解的方法有以下几种：

1）按管理层次分解。该方法是将物流目标成本按总公司、分公司、组、个人进行

分解。这是一种自上而下的过程。

2）按管理职能分解。该方法是将物流目标成本在同一管理层次按职能部门分解。例如，推广部门负责推广费用、配送部门负责配送费用、运输部门负责运输费用、劳资部门负责工资成本、后勤部门负责燃料和动力费用、行政部门负责办公费等。

3）按服务结构分解。该方法是把服务成本分成各种材料消耗成本或人工成本，分派给各责任中心。

4）按服务形成过程分解。该方法是按服务设计、服务材料采购、服务提供、服务推广过程分解成本，形成每一过程的目标成本。

5）按成本的经济内容进行分解。该方法是把服务成本分解成固定成本和变动成本。把固定成本进一步分解成折旧费、日常费、办公费、差旅费、修理费等项目，把年度目标成本分解为季度或月度成本目标，把变动成本分解为直接材料、直接人工、各项变动费用。

上述方法要根据企业物流组织结构和成本形成过程的具体情况选择采用。

（4）实现物流目标成本

实现物流目标成本首先要通过企业目前的物流成本与目标成本项比较，计算出成本差距，然后通过运用价值工程、成本分析等方法寻求最佳的物流过程设计，用最低的成本达到客户需求的功能、安全性、品质等。如果此时计算出的最佳物流过程设计下的成本仍高于目标成本，则重复应用上述手段寻求最佳成本。

（5）物流目标成本追踪考核与修订

此项工作包括对企业物流活动的财务目标和非财务目标完成状况的追踪考核，以及调查客户的需求是否得到满足、市场变化对物流目标成本有何影响等事项，并根据上述各阶段物流目标成本的实现情况对其进行修订。

六、物流责任成本控制方法

1. 物流责任成本的含义

物流责任成本是以责任单位为对象归集物流成本耗费。归集原则是谁负责、谁承担。

在计算考核物流责任成本时，必须按其可控性分为可控成本和不可控成本两类。凡是责任单位能控制的各种耗费为可控成本，凡是责任单位不能控制的耗费为不可控成本。可控成本通常符合以下三个条件：

（1）责任单位有办法知道将发生什么性质的耗费。

（2）责任单位有办法计量它的耗费。

（3）责任单位有办法控制并调节它的耗费。

凡不符合上述三个条件的，即为不可控成本。属于某责任单位的各项可控成本之和，即构成该单位的责任成本。

由于每个责任单位只应对其能直接控制的物流成本负责，故在编制责任预算、日常记录实际发生的物流责任成本，以及定期编制责任报告时，均应以该责任中心的可控成本为限。至于不可控成本，一般不予反映。

一项成本费用是否为可控成本不是由费用本身确定的，而是对责任单位而言的，对一个部门来说是可控成本，对另一个部门来说可能是不可控成本。物流责任成本本质上是一种相对的可控成本。

2. 物流责任成本控制

（1）合理划分物流责任中心

根据企业管理体制和经营管理的需要，划分若干责任中心（责任单位），各责任中心对各自的物流成本负责，并明确各自应承担的经济责任和拥有的经济权利。例如，运输部门负责运输费用，仓储部门负责仓储费用。

（2）确定物流责任目标

把物流成本目标分解到每一责任中心，确定其相应的责任目标。各责任中心只对各自的可控成本负责。确定物流责任目标既明确了责任中心的工作任务，也为其提供了业绩考核标准。

（3）建立物流责任计算系统

为考核物流成本履行情况，应建立一套完整的日常记录，计算和考核有关责任预算执行情况，借以评价和考核各有关责任中心工作并及时反映存在的问题。

（4）建立内部协调制度

各责任中心都有其责任和部门利益，为此往往需要建立监督与协调机制，规范各责任中心的运作。例如，运输部门的经理就不会认同为了降低库存成本而增加运输成本的观点，因为库存成本并不在运输部门的预算考核范围内，其业绩是通过运输成本的降低来衡量的。

（5）定期编制物流业绩报告

责任报告是有关责任中心在一定期间内经营情况的集中反映，是责任中心预算执行结果的概括说明。定期编制物流业绩报告能使各责任中心发现存在的问题，最大限度地降低物流费用水平。

（6）考评物流工作业绩

物流工作业绩的考评也是物流责任控制的重要一环。对只发生物流成本费用的责任中心，因其只对范围内的可控成本负责，它的考评指标是成本节约额和成本节约率。

而对除了发生物流成本费用外，还向企业内部其他部门或外部客户收取服务费用的物流责任中心，它的考评指标就是毛利润和营业利润等。

物流成本涉及范围广、内容多，物流责任成本控制既有利于将物流成本落到实处，又有利于物流成本的计算、控制和考核。

知识链接

内部协调制度

由于物流各项活动间存在二律背反关系，对各项物流活动的规划和控制要加以协调。

1. 不同部门间可就物流服务互相收费或转移成本。各部门在结算时可以采用市场价格或以市场价格为基础的协调价格等。

2. 建立某种形式的物流成本节约分享机制。物流成本互相冲突的各责任中心将各自节约的费用集中在一起，按预先确定的分配比例制作一个清单，对节约的物流成本进行重新分配。

3. 设立物流协调委员会，委员会成员来自各物流责任中心的管理部门。委员会通过交流进行协调管理，制定协调议案。

思考练习题

1. 物流成本预算的含义及作用是什么？
2. 什么是物流弹性预算？如何编制？
3. 什么是物流零基预算？其编制步骤是什么？
4. 物流成本控制的含义及原则是什么？
5. 什么是物流目标成本？如何确定物流目标成本？

案例分析

某加工厂通常每月正常工时为 30 000 h，要求利用公式法编制该企业的成本计算公式，并计算当消耗工时为正常工时的 90% 和 110% 时，该企业的总成本。每月各项成本费用资料如下：维护费固定支出 4 000 元，另加每工时负担 0.50 元；管理费 7 500 元；折旧费 8 500 元；工人基本工资 1 000 元，另加 0.60 元 /h；材料费 0.32 元 /h；水电费 0.50 元 /h；物料消耗 0.18 元 /h。

第四章　运输成本管理

【引导案例】

沃尔玛通过物流运输合理化节约成本

沃尔玛是世界上最大的商业零售企业，在物流运营过程中，尽可能地降低成本是其经营哲学。

沃尔玛有些货物采用空运，有些货物采用海运，还有一些货物采用公路运输。在中国，沃尔玛的全部货物都采用公路运输。如何降低公路运输成本，是沃尔玛物流管理面临的一个重要问题。为此，沃尔玛主要采取了以下措施：

1. 使用尽可能大的卡车，大约有 16 m 长的货柜，比集装箱运输卡车更长或更高。沃尔玛把卡车装得非常满，产品从车厢的底部一直装到最高处，这样非常有助于节约成本。

2. 沃尔玛的车辆都是自有的，驾驶员也是其员工。沃尔玛的车队大约有 5 000 名非驾驶员员工，还有 3 700 多名驾驶员员工。对于沃尔玛运输车队来说，保证安全是节约成本最重要的环节。沃尔玛的口号是“安全第一，礼貌第一”，而不是“速度第一”。在运输过程中，卡车驾驶员都严格遵守交通规则。

3. 沃尔玛采用全球定位系统对车辆进行定位，因此在任何时候，调度中心都可以知道这些车辆在什么地方，离商场有多远，还需要多长时间才能运送到商场，这种估算可以精确到小时。沃尔玛知道卡车在哪里，货物在哪里，这可以提高整个物流系统的效率，有助于降低成本。

4. 沃尔玛连锁商场的物流部门 24 h 进行工作，无论白天或晚上，都能为卡车及时卸货。另外，沃尔玛的运输车队一般当日下午进行集货，夜间进行异地运输，翌日上午即可送货上门，保证在 15～18 h 内完成整个运输过程，这是沃尔玛在速度上取得优势的重要措施。

5. 沃尔玛的卡车把货物运到商场后，商场不用逐个进行检查，这样就可以节省很多时间和精力，加快了沃尔玛物流的循环过程，从而降低了成本。这里有一个非常重要的先决条件，就是沃尔玛的物流系统能够确保商场所得到的货物与发货单完全一致。

6. 沃尔玛的运输成本比供货厂商自己运输货物的成本要低，所以厂商也使用沃尔玛的卡车运输货物，从而把货物从工厂直接运送到商场，大大节省了货物流通过程中的仓储成本和转运成本。

沃尔玛的集中配送中心把上述措施有机地组合在一起，做出了最经济合理的安排，从而使沃尔玛的运输车队能以最低的成本高效率地运行。当然，这些措施的背后包含了许多艰辛和汗水，相信我国的企业也能从中得到启发，创造出沃尔玛式的奇迹。

思考：

1. 沃尔玛是采取哪些措施降低卡车运输成本的？
2. 影响运输合理化的因素有哪些？
3. 你对降低物流成本有什么建议？

第一节　运输成本与运价

一、运输成本的概念

运输成本是指一定时期内企业为完成货物运输业务而发生的费用，包括集货、分配、搬运、中转、装入、卸下、分散等一系列操作中产生的成本。在现代企业物流中，运输占有主导地位，物流运输费用在整个物流业务中占有较大的比例。因此，物流合理化在很大程度上依赖于运输合理化，而运输合理与否直接影响物流运输费用的高低，进而影响企业物流总成本的水平。

二、运输成本的分类

1. 按计入成本的方式分类

按计入成本的方式不同，运输成本可分为直接成本和间接成本。直接成本是指可直接计入成本计算对象的成本，如运输工具的燃料费用。间接成本是指需要按一定方式分配计入成本计算对象的成本。

2. 按成本性态分类

按成本性态不同，运输成本可分为固定成本和变动成本。固定成本是指短期内不随运输业务量的变化而变化的成本。这主要包括运输基础设施的折旧费，如铁路、站台、通道、机器设备等的建造、设立及运行的折旧费和管理系统费用。固定成本的大小不受运输业务量的直接影响，但必须通过营运得到补偿。变动成本是指与每一次运输直接相关的成本，通常指线路运输成本，包括人工成本、维修养护费用、燃油成本、装卸成本，以及取货和送货成本。只有在进行运输、产生运输服务时变动成本才存在。运输数量越多，运输路线越长，变动成本就越高。变动成本一般与运输里程和运输量成正比。承运人在确定运价时，不能让其低于变动成本。

3. 按计入发生的时点分类

按计入发生的时点不同，运输成本可分为端点成本与线路成本。端点成本是在运输过程的起点与终点产生的费用，包括固定成本及与运量有关的装收货、存货和发货成本。线路成本是在运输线路上产生的费用。线路成本通常包括工资、燃油费、润滑油费、运输工具的维护成本。线路成本的两个重要决定性因素是运距和运量。

三、不同运输方式的成本特性

1. 公路运输

公路运输的固定成本是所有运输方式中最低的，因为承运人不必拥有用于运营的公路，车站的运营也不需昂贵的设备。而另一方面，公路运输的可变成本很高，因为公路建设和公路维护成本以燃油税、公路收费、车辆使用税等方式征收。汽车运输成本主要可分为端点费用和线路费用。端点费用包括取货和送货成本、站台装卸成本、制单费和收费成本，约占汽车运输总成本的15%～25%。线路费用占总成本的50%～60%。由于端点成本和其他固定开支分摊到更多的吨公里运量上，所以单位运输成本会随运量和运距的增加而降低。

2. 铁路运输

铁路运输的固定成本高，可变成本相对较低。装卸成本、制单和收费成本、货运机车的调度换车成本会导致铁路运输的端点成本很高，铁路及端点设施维护、折旧和管理费用也会提高固定成本的水平。铁路运输的线路成本（或可变成本）通常包括工资，以及燃油、润滑油和维护成本，并随运距和运量成正比增加。固定成本高和可变成本相对低，要求铁路运输必须追求规模经济，通过规模经济获取经济效益。

3. 水路运输

水路运输是最廉价的大宗货物运输方式之一，其主要投资是在运输设备和端点设

施上，其端点成本很高，包括船只进入港口时的港口费和货物装卸费。而且水路运输货物装卸速度特别慢，除散货和集装箱货可以有效使用机械化物料搬运设备外，高昂的搬运成本使得其他情况下的端点费用非常高。因其线路费用较低，成本随运距、运量的增加而急剧下降，故长距离、大批量的国际运输以水运为主。

4. 航空运输

航空运输是速度最快的运输方式，但运费高、运量小。航空运输的固定成本为其拥有（或租赁）的运输设备在经济寿命周期内的折旧费，表现为每年的固定使用费。燃油、仓储、场地租金、地面装卸、取货和送货服务等费用为可变成本，二者合在一起通常使航空运输成为最贵的运输方式，短途运输尤其如此。但随着端点费用和其他固定开支分摊在较远的距离上，单位成本会有所降低。如果在长距离内营运，还会带来单位成本的下降。

5. 管道运输

管道运输企业（或拥有管道的油气企业）拥有运输管道、泵站和气泵设备，这些固定成本加上其他成本，使管道的固定成本与总成本的比例是所有运输方式中最高的。为了提高竞争力，管道运输的运量必须非常大，以摊销高昂的固定成本。可变成本主要包括运送产品的动力和与泵站经营相关的成本。管道运输对动力的需求差异很大，取决于线路的运量和管道的直径。

综上所述，各种运输方式的运输成本特征各有优劣，各有其存在和发展的必要。任何运输方式都难以同时具有运输速度最快和运输成本最低的双重优点，而且降低运输成本和提高运输速度之间有时又是有矛盾的。在确定运输方式时，应根据物流需要予以选择，并对其运输成本做全面、系统的评价和比较。

四、运输费率

运输费率是指在两地间运输某种具体产品时每单位运输里程或每单位运输重量的价格。运输费率一般由承运人制定并罗列于费率本中。运输费率的基本形式有以下几种。

1. 基于重量的费率

这种费率随着运输货物的重量而变化，而不是随运距而变化。

2. 基于距离的费率

这种费率随距离和重量的变化而变化，对于给定的重量，以线性或非线性形式变化，如整车运输费率。

3. 与需求相关的费率

这种费率既不取决于重量，也不取决于距离，只与外部市场需求有关。

4. 契约费率

这种费率由货主和承运商之间协商后确定。

5. 等级费率

等级费率根据运输距离、商品类型而定。

6. 特殊费率

特殊费率是指一定时期内对某些特殊地区或商品实行的费率，它可能比正常费率高或低。

五、运输定价

1. 行程费用

在运输定价中计算行程费用非常关键。行程费用一般由三种费用组成：第一种是基于载重量的费用，第二种是时间费用，第三种是距离费用。每种费用都有不同的特征。行程费用的计算公式如下：

行程费用 = 每次装载费用 + 每小时功能费用 × 运行时间 + 每千米功能费用 × 总里程

每次装载费用使用历史费用数据和载货数据进行估计，每小时功能费用用驾驶员工资利息、折旧及租金、设施费用之和除以人员、设备花费的总时间进行计算，每千米功能费用用燃油费用、设备维修费用之和除以载货和空载运输的总里程进行计算

2. 特殊费用

（1）行程空载费用

行程空载费用的分配及体积或密度系数的调整是特殊运输费用问题中的两个重要方面。行程空载费用的分配可按下述 3 种方法折算：

1）把后面的空程距离加到本次载货运输距离上。

2）把前面的空程距离加到本次载货运输距离上。

3）把前后两次空程距离的 50% 分别加到本次载货运输距离上。

（2）混合发载费用

车辆混合发载（如一部分货物是重货，另一部分货物是轻泡货）时，要对不同的货物进行不同的费用分配。可以按照下面的步骤进行分配。

1）首先计算标准密度（载货汽车的有效载重量除以车的容积）。

2）再将产品体积通过标准密度转化为重量。

3）最后用标准密度下的重量和实际重量相比较，选其中的大者作为收费依据。

3. 运输定价的方法

对于为客户提供的运输服务的定价，可以应用以下 3 种定价方法。

（1）基于成本的运输定价

基于成本的运输定价方法又包括下面 3 种：

1）向客户收取提供运输服务的实际成本费用。这发生在由企业内部的运输部门提供运输服务的情况。

2）按标准费用收取。在这种情况下，无效的运营费用不会转嫁给客户。

3）收取边际费用。在这种情况下，固定费用作为日常开支不予考虑，只收取变动费用。当运能很大时，这种方法比较有效。

（2）基于市场的运输定价

基于市场的运输定价一般可用两种方式执行。

1）按市场上相互竞争的承运人的相似服务收取费用。市场价格可能比实际价格高，也可能比实际价格低。例如，市场中过剩的运输能力可能会降低运输价格。

2）按调整后的市场价格进行收费。如果运输组织效率高，调整后的市场价格就会较低，反之就高。

（3）二者相结合的运输定价

这种定价方式也包括两种执行方法。

1）在运输组织和客户之间先签订一个协议价格。为了使协议更有效，必须有一个可以比较的市场价格，客户有选择其他承运人的灵活性。

2）根据运输组织的目标利润定价。在这种方法中，价格等于实际或标准费用加上部门目标利润。

第二节　运输成本核算

一、汽车运输成本核算

1. 确定计算对象

汽车运输企业的营运车辆车型较为复杂，根据管理需要，可以将其按不同燃料和不同类型分类，作为成本计算对象，如果车型较少，可以直接一并计算。对于使用特种大型车、集装箱车、零担车、冷藏车、油罐车等从事运输活动的企业，则应以不同类型、不同用途的车辆分别作为单独的成本计算对象。

2. 确定计算单位

汽车运输成本计算单位是实际运送的货物吨数与运距的乘积，常用“吨公里”表示。为计量方便起见，也可以“千吨公里”作为成本计算单位。大型车组的成本计算单位可为“千吨位小时”，集装箱车辆的成本计算单位一般为“千标准箱公里”等。

3. 汽车运输成本项目的设置

汽车运输成本按经济用途可以分为车辆直接费用和营运间接费用两部分。

（1）车辆直接费用

1）人工费用。人工费用指按规定支付给运营车辆驾驶员的基本工资、工资性津贴、奖金和按比例计提的福利费。

有固定车辆的驾驶员及其随行人员的工资、津贴和福利费由有关车型的运输成本负担，将其实际发生数直接计入运输成本的工资项目。没有固定车辆的驾驶员及其随行人员的工资，以及后备驾驶员及其随行人员的工资，则需按一定标准分配计入各成本计算对象的成本，计算方法如下：

营运车辆的工资分配额 = 应分配的驾驶员及其随行人员工资总额 ÷ 总运营车日数

营运车辆应分配的工资额 = 营运车辆的工资分配额 × 营运车辆实际总运营车日数

【例 4—1】某运输公司的运输车辆有三大类型。载重 8 t 的运输车辆配备有三个固定驾驶员和一个后备驾驶员，固定驾驶员、后备驾驶员的工资分别为 2 500 元、2 300 元、2 100 元和 1 500 元，每月福利费共 1 200 元。后备驾驶员当月总营运车日为 30 日，在该车型上的营运时间为 8 日。求该车型的人工费用。

解：

工资费用 =2 500+2 300+2 100+1 500 ÷ 30 × 8=7 300（元）

人工费用合计 =7 300+1 200=8 500（元）

2）燃料费。燃料费指运营车辆所耗用的汽油、柴油等的费用。燃料费根据行车路单或其他有关燃料消耗报告所列的实际消耗量计算计入成本。需要注意的是，应使燃料实际消耗量与当月车辆行驶总里程和所完成的运输周转量相符合。

企业应根据燃料领用凭证对燃料消耗进行汇总与分配。但必须注意，在燃料采用满油箱制的情况下，车辆当月加油数就是当月耗用数；在燃料采用盘存制的情况下，当月燃料耗用数应按以下公式确定：

当月燃料耗用数 = 月初存油数 + 本月领用数 – 月末存油数

【例 4—2】资料如例 4—1，该企业载重 8 t 的车辆的油箱月初存油数为 125 L，月末存油数为 60 L，当月领用油料 1 580 L。若该机动车使用的燃油单价为 6 元 /L，则该车当月的燃油成本是多少？

解：

当月油耗 =125+1 580−60=1 645（L）

当月燃油成本 =1 645 × 6=9 870（元）

3）轮胎费。轮胎费指运营车辆耗用的外胎、内胎、垫带的费用支出，以及轮胎翻新费和零星修补费。

营运车辆领用轮胎内胎、垫带的费用，以及轮胎零星修补费等，一般根据轮胎领用汇总表及有关凭证，按实际数直接计入各成本计算对象的成本。至于领用外胎，其成本差异也直接计入各成本计算对象的成本，而其计划成本如何计入各成本计算对象的成本，则有不同的处理方法。当采用外胎价值一次摊销计入成本的办法时，应根据轮胎发出汇总表进行归集与分配；发生外胎翻新费时，可根据付款凭证直接计入各成本对象的成本。

【例 4—3】资料如例 4—1，该车型领用轮胎若干，总成本计 5 520 元，按企业会计核算的要求，该轮胎费用在一年内分期摊销，则当月的轮胎费是多少？

解：

轮胎费 =5 520 ÷ 12=460（元）

4）修理费。修理费指运营车辆进行维修和小修所发生的工料费、修复旧件费用和车辆大修费用。运营车辆进行日常维修和修复旧件所发生的材料费、人工费用在发生时直接计入修理当月的成本。

车辆大修费用应分月计入运输成本。必须注意的是，由于营运车辆大修费用一般数额较大，修理的间隔期也较长，为均衡损益，一般采用预提的办法。大修费用月计提额计算公式如下：

$$车辆月大修费用计提额 = 当月车辆行驶里程 \times 大修费用月计提费率$$

$$大修费用月计提率 = 预计大修费用总额 \div 车辆由新至废行驶里程定额$$

$$预计大修费用总额 = 预计大修次数 \times 一次大修计划费用$$

$$预计大修次数 =（车辆由新至废行驶里程定额 \div 大修间隔里程定额）-1$$

在实际工作中，车辆大修费用应按各车型当月行驶的千车公里数分别计提，其计算公式如下：

$$千车公里大修费用计提额 =（预计大修费用总额 \div 车辆由新至废行驶里程定额）\times 1\,000$$

【例 4—4】资料如例 4—1，当月对载重量为 8 t 的营运车辆进行日常维护，其间发生材料费用 500 元、修理人工费用 800 元。同时，该月对该车型进行大修，共发生修理费 45 000 元，在 24 个月内分期摊销。则当月该车辆的修理费是多少？

解：

修理费 =500+800+45 000÷24=3 175（元）

5）车辆折旧费。车辆折旧费指运营车辆按规定方法计提的折旧费用。车辆折旧费按车辆使用年限或车辆行驶里程计算，可查找财务会计中相应车辆的折旧费直接引用。车辆折旧费计算公式一般如下：

$$单位里程折旧额 = 固定资产原始价格 \times（1- 预计净残值率）\div 预计行驶里程$$

$$当年或当月应提折旧 = 单位里程折旧额 \times 当年或当月实际行驶里程$$

【例 4—5】资料如例 4—1，该企业 8 t 运输车辆原价值 300 000 元，预计净残值率为 6%，预计总行驶里程数为 2 000 000 km，当月实际行驶里程为 15 000 km。则该车型当月应计提的固定资产折旧是多少？

解：

单位里程折旧额 =300 000×（1−6%）÷2 000 000=0.141（元）

当月应提折旧 =0.141×15 000=2 115（元）

6）养路费、税金及运输管理费。养路费、税金及运输管理费指按规定向管理部门缴纳的相应费用。运输企业向公路管理部门缴纳的车辆养路费一般按货车吨位数计算。因此，企业缴纳的车辆养路费可以根据缴款凭证直接计入各成本计算对象成本及有关费用。

7）车辆保险费。车辆保险费指向保险公司缴纳的运营车辆的保险费用。如果存在车辆保险费，按实际支付的投保费用和投保期分月分摊计入运输成本。

8）事故损失费。事故损失费指运营车辆在运行时，因行车肇事所发生的修理费、求援费、赔偿费等事故损失。事故损失费在扣除保险公司的赔偿和其他人的赔偿后，计入运输成本。

9）其他运营费。其他运营费包括随车工具费、篷布绳索费、车辆牌照费和检查费、高速公路建设费、过桥费等。其他运营费根据实际领用数和发生数计入运输成本。

（2）营运间接费用

营运间接费用指运输企业下属的基层分公司、车队、车站发生的营运管理费，但不包括企业行政管理部门的管理费用。

4. 运输总成本和单位成本的计算

运输企业完成一定运输业务所发生的直接人工费用、直接材料费用、其他直接费用和营运间接费用等运输费用总额，组成运输总成本。运输总成本除以运输周转量得出单位成本。其计算公式如下：

运输单位成本 = 运输总成本 ÷ 运输周转量

如果运输企业存在对外支付的运输费用，将其直接加到企业内部运输成本上，即可得到运输总成本。

二、海洋运输成本核算

水路运输是最古老的运输方式。按船舶航行水域不同，水路运输可以分为沿海运输、远洋运输和内河运输。由于沿海运输和远洋运输（两者合称“海洋运输”）的成本发生项目比较全面，因此，下文主要介绍这两者成本的计算。

1. 沿海运输概念及成本

沿海运输是指海运企业营运船舶在近海航线上的运输业务。沿海运输船舶往来于国内沿海港口之间，运输距离、航次时间较短，数日内即可往返一次。船舶进出港口，有港口单位提供码头设备和各种服务，海运企业按规定向港口单位交付各种港口使用费用。海运企业的沿海运输业务由港口单位代理，海运企业付给代理费用。

海运企业船舶吨位较大，费用较多，所以应按单船归集船舶营运费用，计算货运成本。海运企业的运输船舶有时从事非运输工作，如船舶临时出租、救援遇难船舶等，应属于其他业务，所发生的船舶费用应在计算船舶运输成本时予以扣除。

2. 远洋运输概念及成本

远洋运输业务通常是指国际航线运输业务。远洋运输船舶来往于国内外港口之间，运距较长，每次航行时间常在 1 个月以上，甚至长达数月。远洋运输业务具有船舶吨位大、航行时间长的特点。

远洋运输船舶进出国内港口，使用码头设备与沿海运输船舶相同，应按规定向港口单位支付各种港口使用费：货运业务由港口代理，海运企业支付代理费用。远洋船舶进出国外港口，应按各港口规定支付各种港口使用费。在国外港口，船舶运输业务由货运代理企业代理，海运企业支付代理费用。船舶通过海峡，应支付海峡通行费。按照国际运输规定，船方往往根据运输条款支付某些运输业务费用，如垫舱费用、市场管理费用、揽货佣金、理货费用等，远洋运输业务的成本构成与沿海和内河船舶运输明显不同。

远洋运输业务的运输量按船舶航次统计，运输收入按船舶已完成航次计算，船舶的营运成本也应按航次计算。

3. 沿海运输成本与远洋运输成本的区别

（1）成本计算周期不同

沿海运输按月计算成本。远洋运输航次时间长，按航次结束计算成本。

（2）固定费用计入成本的方法不同

远洋运输成本可划分为直接费用和间接费用。凡是能明确由航次负担的费用，称为直接费用，可直接计入航次成本。不能明确由航次负担的费用，称为间接费用，需要按一定的分配方法计入航次成本。沿海运输按月计算成本，航次费用和船舶固定费用都作为运输的直接费用。

（3）成本构成项目不同

远洋运输成本不同于沿海运输成本，如港口费、工资包含的内容不同，航次运费组成项目也不同。

4. 海洋运输成本项目设置

海洋运输成本分为海运直接费用和营运间接费用，对于租船和使用集装箱运输的企业，还包括船舶租赁费用和集装箱固定费用。

（1）海运直接费用

海运直接费用可直接计入运输成本核算，具体包括以下几个方面：

1）航次运行费用。航次运行费用是指船舶在运行过程中可以直接归属于航次负担的费用。具体包括以下方面：

①燃料费。燃料费是指船舶在航行、装卸、停泊等时间内耗用的全部燃料费用。

②港口费。港口费是指船舶进出港口、停泊、过境等应付的费用。它包括船舶吨税、灯塔费、拖轮费、码头费、浮筒费、系解缆费、海关检验费及海峡通过费、运河费等。

③货物费。货物费是指运输船舶载运货物所发生的应由船方负担的业务费用，如装卸工工资、加班费、装卸工具费、下货费、翻舱费、货物代理费等。

④中转费。中转费是指船舶载运的货物在中途港口换装其他运输工具运往目的地及在港口中转时发生的应由船方负担的各种费用，如汽车接运费、铁路接运费、水运接运费、改港费等。

⑤垫隔材料费。垫隔材料费是指船舶在同一货舱内装运不同类别的货物需要分开、垫隔，或虽在同一货舱内装同类货物但需要防止摇动、移位及货物通风需要等耗用的隔货网、防摇装置、通风筒等材料费用。

⑥速遣费。速遣费是指有装卸协议的营运船舶提前完成装卸作业，按照协议付给港口单位的速遣费用。如果发生延期，收回的延期费冲减本项目成本。

⑦事故损失。事故损失是指船舶在营运生产过程中发生海损、机损、货损、货差、污染、人身伤亡等事故的费用，包括施救、赔偿、修理、诉讼等产生的直接损失。

⑧航次其他费用。航次其他费用是指不属于上述各项的应由航次负担的其他费用，如淡水费、交通车船费、邮电费、清洁费、国外港口接待费、航次保险费、领事签证费、代理费、业务杂支、冰区航行破冰费等。

2）船舶固定费用。船舶固定费用是指为保持船舶适航状态所发生的经常性维持费用。这些费用大部分不能直接归属于某一航次，但可以按单船进行归集。有的费用还需要先归集汇总，再按一定的标准分配计入相关成本，如船舶非营运期费用和船舶共同费用。船舶固定费用具体包括以下内容。

①船员工资总额。船员工资总额是指船员的标准工资、船岸差、航行津贴、油轮津贴、运输危险品津贴、船员伙食费、其他按规定支付的工资性津贴，以及按实际发放的职工福利费。

②船舶折旧。船舶折旧是指企业按照确定的折旧方法按月计提的折旧费用。

③船舶修理费。船舶修理费是指已完工的船舶实际修理费支出和日常维护保养耗用的修理用料、备品配件等的费用，以及船舶技术改造大修理费用摊销的支出。

④润料费。润料费是指船舶耗用的润滑油脂的费用。

⑤船舶材料费。船舶材料费是指船舶在运输生产和日常维护保养中耗用及劳动保护耗用、事务耗用的各种材料和低值易耗品等的费用。

⑥船舶保险费。船舶保险费是指企业向保险公司投保的各种船舶保险所支付的保险费用。

⑦车船使用税。车船使用税是指船舶所有人按法律规定应缴纳的一种税。

⑧船舶非营运期费用。船舶非营运期费用是指船舶在厂修、停船自修、事故停航、定期熏舱等非营运期内所发生的费用，包括为修理目的空驶至船厂期间内发生的费用。

⑨船舶共同费用。船舶共同费用是指船舶共同受益，但不能也不便按单船归集的船舶费用，包括船员服装费、船员差旅费、广告宣传费等。

3）船舶租赁费用。船舶租赁费用是指船务企业租赁运输船舶参加营运，按规定应支付给出租人的费用。

4）集装箱固定费用。集装箱固定费用是指海洋运输时，船务企业自有或租赁的集装箱在营运过程中发生的固定费用，包括空箱保管费、折旧费、租赁费、修理费、保险费等。

（2）营运间接费用

营运间接费用是指船务企业营运过程中发生的不能直接计入运输成本核算对象的各种间接费用，具体包括工资、职工福利费、燃料费、材料费、低值易耗品费、折旧费、修理费、办公费、水电费、租赁费、差旅费、设计制图费、业务票据费、材料盘亏和毁损费、取暖费、会议费、出国人员经费、保险费、交通费、运输费、仓库经费、消防费、劳动保护费、排污费等。

第三节　运输成本优化与控制

运输成本优化与控制的目的是用最经济的办法实现运输的功能，也就是要实现合理化运输，用最少的劳动消耗运输更多的货物，取得最佳经济效益。

一、影响运输成本的因素

运输成本通常受七个因素的影响，尽管这些因素并不是运费表上的组成部分，但在承运人制定运输费时，必须对每一个因素加以考虑。

1. 运输距离

运输距离是影响运输成本的主要因素，因为它直接对劳动、燃料和维修保养等变动成本发生作用。图 4–1 显示了运输距离与运输成本的一般关系，并说明了以下两个要点：第一，成本曲线不是从原点开始的，因为有一部分成本与距离无关，但与货物的提取和交付活动产生的固定费用有关；第二，成本曲线的增长速度随运输距离的增长而减小，这种特征称作递减原则，即运输距离越长，运输成本增长速度越慢。

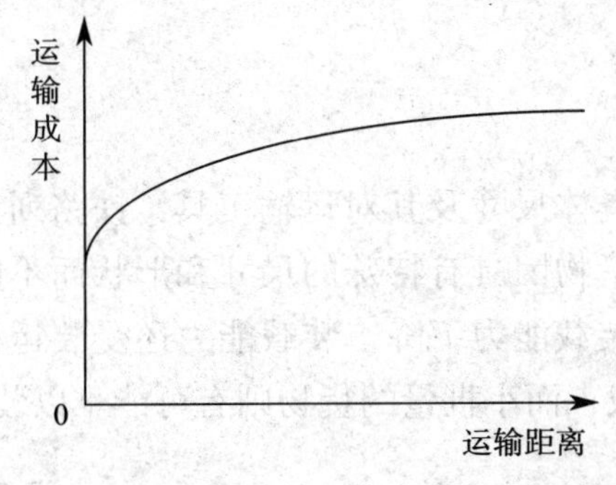

图 4–1　运输距离与运输成本的一般关系

2. 载货量

载货量之所以影响运输成本，是因为大多数运输活动中存在着规模经济，每单位载重量的运输成本随载货量的增加而减少，如图 4–2 所示。其原因主要是单位载重量所分摊的固定费用和包括装卸等费用在内的场站费用随着载重量的增加而递减。但载重量又受到运输工具额定载重量或载货容积的限制。所以，企业的小批量货物应尽量整合成大批量。

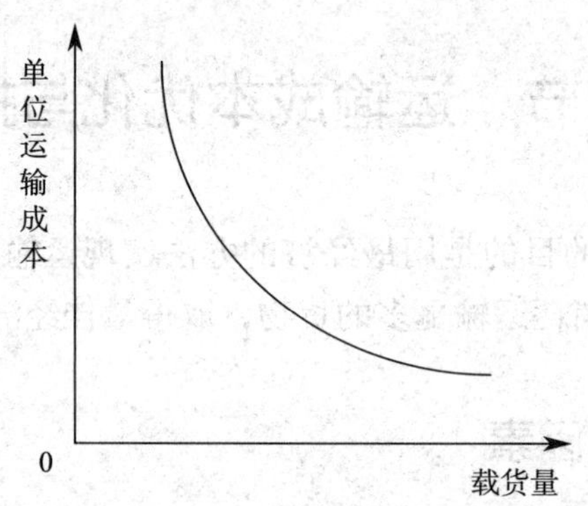

图 4–2 载货量与单位运输成本之间的关系

3. 货物密度

计算运输成本时，要把重量和空间方面的因素结合起来考虑。这类因素之所以重要，是因为运输成本通常表示为每单位载重量所需消耗的费用。在重量和空间方面，运输工具更多受到的是容积限制，而不是重量限制。因此，货物密度高，相对地可以把运输成本分摊到增加的重量上去，使这些货物所承担的每单位重量的运输成本相对较低。一般情况下，轻泡货物运输成本高，其运价也高。运输管理人员应设法使运输工具尽量做到满载满仓，充分利用容积，装载更多数量的货物，达到降低单位运输成本的目的，如图 4–3 所示。

4. 装载能力

装载能力是指货物的具体尺寸及其对运输工具（铁路列车、拖车或集装箱）的空间利用程度的影响。一些货物因具有特殊的尺寸和形状而不能很好地进行装载，容易浪费运输工具的空间，使装载能力下降。装载能力还受装运规模的影响：大批量的货物能够相互嵌套，便于装载，而小批量的货物则有可能难以装载。

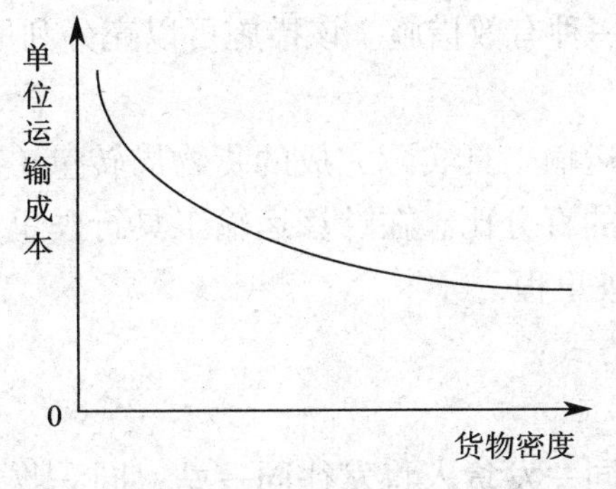

图 4–3　货物密度与单位运输成本之间的关系

5. 装卸搬运方法和效率

卡车、铁路列车或船舶等的运输可能需要特别的装卸搬运设备。此外，货物在运输和储存时实际所采用的成组方式（如托盘或集装箱等）也会影响搬运成本，进而影响运输成本。

6. 附带责任

附带责任与货物的特征有关，运输易损坏货物时，承运人的附带责任大，运输成本就会增加。承运人必须向保险公司投保，预防可能发生的损失，否则有可能要承担赔偿责任。托运人可以改善保护性包装，或采取措施减少货物灭失损坏的可能性，降低其运输风险，最终降低运输成本。

7. 运输供需因素

运输通道流量等运输供需因素也会影响运输成本。运输通道流量是指起运地与目的地之间的移动。运输车辆和驾驶员都必须返回起运地，当发生空车返回时，有关劳动报酬、燃料费用、维修保养费用等仍必须按照全程运输支付。因此，理想的状况是通道流量均衡，即运输通道两端的流量相等。

在实际的运输活动中，以上因素可能会同时产生影响，托运人、承运人和企业的物流人员必须合理安排运输，降低运输成本，提高企业的经济效益。

二、运输成本的优化措施

1. 合理装载，提高实载率

合理装载是充分利用运输工具的载重量和容积、合理安排装载的货物及载运方法，

以提高运输工具实载率的一种有效措施。该措施可以充分利用运输工具的额定载重量，减少运力浪费。

实载率是一定时期内运输工具实际完成的货物周转量（以吨公里表示）占运输工具载重量与行驶里程乘积的百分比。在计算运输工具行驶里程的时候，不但要计算载货行驶里程，也要计算空驶里程。

合理装载有如下几种方式：

（1）拼装整车运输

拼装整车运输是指由同一发货人将发往同一站、同一收货人的不同品种的少量货物组合在一起，以整车方式运输至目的地；或将同一方向、不同到站的少量货物集中在一起，以整车方式运送到适当的中转地，然后转运至目的地。实际作业中，拼装整车运输通常表现为零担拼整直达、零担拼整接力直达或中转分运、整车分卸、整装零担等方式。

（2）组织轻重装配

组织轻重装配即把实重货物和轻泡货物组装在一起，既可充分利用运输工具的装载容积，又能利用装载重量，提高运输工具的效率。

（3）实行解体运输

一些体积大、笨重、不易装卸又容易碰撞致损的货物，如大型科学仪器和机械设备等，可以在装载前先行拆分，分别包装，缩小所占空间，使之易于装卸，提高运输工具的实载率。

（4）堆码方法多样

根据车船的货位情况和货物的包装情况不同，可以采取各种有效的堆码方法，如多层装载、骑缝装载、紧密装载等，提高运输工具的效率。

2. 实现运输工具的合理分工

实现运输工具的合理分工主要表现为根据运距的长短进行铁路和公路分流。一般认为，公路运输的经济里程为 200 ~ 500 km，随着高速公路的发展、高速公路网的形成，以及新型货车与特殊货车的出现，公路运输的经济里程有时可达 1 000 km 以上。

在公路运输的经济里程范围内，应尽可能地利用公路运输，这样有两个好处：一是可以缓解铁路运力的紧张程度，从而提高这一地区的运输通过能力；二是充分利用公路运输“门到门”运输的能力和速度快且灵活机动的优势，实现铁路运输难以达到的服务水平。当然，实现运输工具的合理分工不仅表现在铁路运输和公路运输的选择上，还涉及其他一切运输工具。在确定运输工具的时候，需要认真进行分析。

为实现运输工具的合理分工，还可实行联合运输（综合一贯制运输）。联合运输是把公路运输的机动灵活和铁路运输、水路运输的成本低廉（即便利和经济）及航空运输的快速等特点组合起来，完成“门到门”运输，通过优势互补，缩短运输时间。

3. 分区产销合理运输

分区产销合理运输就是在组织运输时，根据产销情况和交通运输条件，在产销平衡的基础上，按近产近销的原则，使某种货物的生产区和消费区离得尽量近，确保货物走最少的里程。这种形式适用于品种单一、规格简单或生产和消费集中、调运量大的货物，如煤炭、木材、水泥、粮食、建材等。这种运输方式对于加强产、供、运、销的计划性，减少过远、迂回、对流等不合理运输，充分利用地方资源，促进生产布局合理化，降低物流费用等都有十分重要的作用。

实行分区产销平衡运输要注意以下几点。第一，要摸清物资产销情况、供应区域、运输路线和运输方式，作为制定合理调运方案的依据。第二，划定物资调运区域，将某种物资的生产区基本固定于一定的消费区。第三，绘制合理运输流向图，即在已制定的调运区域范围内，按着运程最近和产销平衡的原则，制定合理运输流向图，把产、供、运、销的关系固定下来，作为铁道、交通、商业、物资和生产部门执行物资调拨和运输计划的依据。最后，制定合理运输调运方案。

4. 开展直达运输和“四就”直拨运输

直达运输就是在组织货物运输过程中，把货物从产地或起运地直接运到销售地或用户手中，以减少运输环节。对生产资料来说，由于某些物资体大笨重，一般采取由生产厂商直接供应消费单位，实行直达运输；在商业部门，对规格简单的商品，如纸张、肥皂等，可以由生产企业直接运送到三级批发商、大型商店或用户手中，越过二级批发商环节；外贸部门对出口商品多采取直达运输，实行由产地直达口岸的办法。

“四就”直拨运输是指各商业、物资批发企业在组织货物调运过程中，不把当地生产或由外地调达的货物运进批发仓库，而是采取直拨的办法，把货物直接分拨给市内基层批发、零售商店或用户，减少一道中间环节。“四就”直拨运输的具体做法有就厂直拨、就车站（码头）直拨、就库直拨、就车（船）过载等。

5. 通过流通加工，使运输合理化

有的产品由于本身形态及特性问题，很难实现运输的合理化，如果进行适当加工，就能够有效解决合理运输问题。例如，将造纸木材在产地预先加工成干纸浆，然后压缩体积运输，就能解决造纸木材运输不满载的问题；将轻泡产品预先捆紧并包装成规定尺寸再装车，就容易提高装载质量；将水产品及肉类预先冷冻再装车运输，就可提高车辆装载率并降低运输损耗。

6. 发展社会化的运输体系

运输社会化的含义是发挥运输的大生产优势，按专业分工，打破一家一户自成运输体系的状况。一家一户的运输小生产，车辆自有，自我服务，不能形成规模，且运量需求有限，难以自我调剂，容易出现空驶、运力选择不当（因为运输工具有限，选择范围太窄）、不能满载等问题，且配套的接发货设施和装卸搬运设施也很难有效运行，所以浪费颇大。实行运输社会化，可以统一安排运输工具，避免出现对流、倒流、空驶、运力不当等多种不合理形式，不但可以追求组织效益，而且可以追求规模效益，所以社会化的运输体系是运输合理化非常重要的措施。

三、运输成本控制策略

1. 合理选择运输方式

前文已经介绍了不同的运输方式，其技术经济特性见表 4-1。

表 4-1　　各种运输方式的技术经济特性

运输方式	技术经济特性	运输适用性
公路运输	运输组织灵活，适用性强，投资规模小，时效性好，运输成本较高	适用于短距离、小宗货物，可实现“门到门”服务
铁路运输	运量大，运输成本低，初期投资大，连续性强	适用于长距离、大宗、运输时间相对较长的货物
水路运输	运量大，运输成本低，耗能低，系统投资大	适用于长距离、大宗、运输时间相对较长的货物
航空运输	速度快，成本高，风险大，基础设施投资大	适用长距离、小宗、时间要求紧急的高附加值货物
管道运输	传输量大，污染小，运输成本低，初期投资大	适用于液体和气体货物的运输

在各种运输方式之间平衡运输任务，必须考虑以下因素。

（1）技术经济特性

应当根据各种运输方式的技术经济特性，统一调整运输量在不同运输方式之间的分配比例。

（2）运输费用和货物本身价值之间的比例

在分配和调整运输量时，应当把单位重量价值低的货物分配给运费低的运输方式，把单位重量价值高的货物分配给运输费较高、速度较快的运输方式，从而降低运费占货物价值的比重，追求经济效益的最大化。

（3）各种运输方式运力与运量的平衡状况

初步确定的运输量指标只是反映了对运输的需求。为了保证这些指标的实现，必须安排相应的运输能力，做好运力与运量的平衡。

运力与运量的平衡主要包括以下内容：一是运量与铁路运输线路和港口通过能力的平衡，二是运量与运输工具的平衡，三是运量与运输能源的平衡。对运输任务进行调整和平衡，可以使分配给各种运输方式的运量与各种运输方式的运力相互适应。

2. 合理确定拥有运输工具的数量

运输工具的拥有数量要根据发货量的多少来安排，当拥有运输工具数量过少、发货量过多时，难免出现运输工具不足的现象，要从别处租借。相反，拥有运输工具数量过多、发货量过少时，就会出现运输工具闲置现象，造成浪费。合理确定拥有运输工具的数量要综合考虑自备运输工具费用、自备运输工具闲置费用和运输工具租赁费用等因素。

3. 优化仓库布局

从运输成本控制的角度看，成本降低的原因之一是使用了仓库，优化仓库布局可以达到运输成本最小化。

4. 开展集运方式

集运即集中运输。装运量越大，单位重量的货物运费就越低。从运作的角度看，有三种可以取得有效货物集运的方法：一是自发集运。自发集运即将一个市场区域中送达不同客户的小批量货物的运输结合起来，在运输时只是修正而不中断自然的货物流动。二是计划预定输送。计划预定输送是在事先选择好的特定日期内将有限的货物运输送到特定市场。例如，运输企业向客户做出承诺，对所有在特定截止日期前收到的订单都可保证在预定之日送货。三是共同输送。参加共同输送计划通常意味着货运代理企业、公共仓储企业或运输企业为在相同市场中的多个货主安排集运。提供共同输送的企业通常具备多个送货目的地的长期送货合同。在这种安排下，集运企业通常为满足客户的需要而提供附加的服务，如分类、排序、进口货物的单据处理等。

5. 推行直运策略

当货物在当地存货的费用高于直接运送的成本时，应考虑直接运送。当然，企业在决定是否采取直运策略时，必须考虑该产品的特性（如价值、易腐性、季节性）、所需运送的路程与成本、客户订货数量与重量、地理位置与方向等因素。

6. 优化运输路线

实际工作中存在不合理的运输现象，如对流运输、迂回运输、重复运输、过远运输、无效运输等，造成了运力的浪费，增加了不必要的运输成本。优化运输路线可以减少不合理运输，降低运输成本。

7. 推广甩挂运输

甩挂运输是用牵引车拖带挂车至目的地，将挂车甩下后，换上新的挂车运往另一个目的地的运输方式。

推广甩挂运输对提高运输效率、降低运输成本、推进节能减排意义重大。一方面，甩挂运输能够有效节约资源。在相同的运输条件下，汽车运输效率的高低取决于汽车的载重量、技术速度和装卸时间三个主要因素。甩挂运输使汽车运输列车化，能相应提高车辆每趟次的载重量，从而提高驾驶员的工作效率，避免空车行驶，免除了装卸货的等候时间。另一方面，甩挂运输事先把要运输的零散货物采用机械化手段装在承载装置中，加快了货物周转的速度，大大缩短了车辆停驶和货物出库的时间，创造了时间效益。而且，运输工具规格统一、容积固定，限量承载货物，有利于从根本上遏制超限超载运输现象。

思考练习题

1. 不同运输方式有哪些成本特性？
2. 汽车运输成本由哪些项目构成？
3. 海洋运输成本由哪些项目构成？
4. 影响运输成本的因素有哪些？
5. 运输成本的优化措施有哪些？
6. 设某型号货车由新至废行驶里程定额为 800 000 km，大修间隔里程定额为 160 000 km，一次大修理计划费用为 10 000 元。试计算千车公里大修理费用计提额。

案例分析

百胜物流降低连锁餐饮企业运输成本之道

对于连锁餐饮行业来说，靠物流手段节省成本并不容易。然而，作为肯德基、必胜客等业内巨头的指定物流服务商，百胜物流抓住运输环节大做文章，通过合理安排运输、降低配送频率、实施歇业时间送货等优化管理方法，有效地实现了物流成本的“缩水”，给业内管理者指出了一条细致而周密的降低物流成本之路。

1. 合理安排运输排程

运输排程的意义在于尽量使车辆满载，减少总行驶里程。

众所周知，连锁餐饮企业的销售存在季节性波动，因此排班表至少有旺季、淡季两套方案。有必要的话，应该在每次营业季节转换时重新审核排班表。确定排班表的基本思路是，首先计算每家餐厅的平均订货量，设计出若干条送货路线，覆盖所有的连锁餐厅，最终达到总行驶里程最短、所需驾驶员人数和车辆数最少的目的。

排班表确定以后，就要进入每日运输排程，也就是每天审视各条路线的实际货量，根据实际货量对配送路线进行调整，最终达到增加车辆利用率、提高驾驶员工作效率、降低总行驶里程、节约物流成本的目的。

2. 减少不必要的配送

如果连锁餐厅的配送频率增加，对物流运作的各方面都会产生影响。在运输方面，各餐厅所在路线的总货量不会发生变化，但配送频率增加，结果会导致运输里程上升，相应地，油耗、过路（桥）费、维护保养费和人工费都要增加。在客户服务方面，餐厅的订单数量增加，相应的单据处理作业量也会增加，餐厅来电打扰的次数、办公用品（纸、笔、计算机耗材等）的消耗也会增加。在仓储方面，拣货、装货的人工费用会增加，如果短保质期物料的进货频率增加，那么仓储、收货的人工费用也会增加。在库存管理方面，如果短保质期物料进货频率增加，由于进货批量减少，进货运费很可能会增加，处理的厂商订单及后续的单据作业数量也会增加。

由此可见，配送频率增加会影响物流服务商的几乎所有职能，最大的影响在于运输里程增加所造成的运费增加。因此，减少不必要的配送，对于连锁餐饮企业显得尤其关键。

3. 提高车辆的时间利用率

车辆的时间利用率也是值得关注的，提高车辆的时间利用率可以从增大车辆尺寸、改变作业班次、二次出车和增加每周运行天数四个方面着手。

由于大型车辆可以每次装载更多的货物，一次出车可以配送更多的餐厅，由此延长了车辆的在途时间，从而增加了其有效作业的时间。这样做还能减少干路运输里程和总运输里程。虽然大型车辆单次的过路（桥）费、油耗和维修保养费高于小型车辆，但其总费用低于小型车辆。

如果配送中心实行 24 h 作业，车辆就可以利用晚间二次出车配送，大大提高车辆的时间利用率。在实际物流作业中，一般会根据收货时间不同对餐厅进行分类，据此制定仓储作业的配套时间表，从而将车辆利用率最大化。

分析案例并回答下列问题：

1. 百胜物流是如何降低运输成本的？
2. 结合实际说明如何提高车辆的利用率。
3. 举例讨论如何降低运输成本。

第五章　仓储成本管理

【引导案例】

某啤酒生产企业的仓储管理

某啤酒生产企业在几年前就借鉴国内外物流企业的先进经验，结合自身的优势，制定了自己的仓储物流改革方案。第一，成立了仓储调度中心，对全国市场区域的仓储活动进行重新规划，对产品的仓储、转库实行统一管理和控制，由提供单一的仓储服务到对产成品的市场区域分布、流通时间等进行全面的调整、平衡和控制，仓储调度成为销售过程中降低成本、增加效益的重要一环。第二，以原运输公司为基础，注册成立具有独立法人资格的物流有限公司，引进现代物流理念和技术，并完全按照市场机制运作。作为提供运输服务的“卖方”，物流公司能够确保按规定要求，以最短的时间、最少的投入和最经济的运送方式将产品送至目的地。第三，筹建了技术中心。该企业应用ERP系统，筹建了技术中心，将物流、信息流、资金流全面统一在计算机网络的智能化管理之下，建立起各分公司与总公司之间的快速信息通道，及时掌握各地最新的市场库存、货物和资金流动情况，为制定市场策略提供准确的依据，并且简化了业务运行程序，提高了销售系统工作效率，增强了企业的应变能力。

通过这一系列的改革，该企业获得了很大的直接和间接经济效益。第一，集团的仓库面积由7万多平方米下降到不足3万平方米，产成品平均库存量由12 000 t下降到6 000 t。第二，整个产品物流体系实现了环环相扣，销售部门根据各地销售网络的要货计划和市场预测制订销售计划，仓储部门根据销售计划和库存及时向生产企业传递要货信息，生产部门有针对性地组织生产，物流公司则及时地调度运力，确保交货质量和交货期。第三，销售代理商在有了稳定的货源供应后，可以从人、财、物等方面进一步降低销售成本，增加效益。经过一年多的运转，该企业的物流网取得了阶段性成果。实践证明，现代物流管理体系的建立，使该企业的整体营销水平和市场竞争能力大大提高。

分析：该企业是如何通过仓储管理降低物流成本的？

第一节　仓储成本及其构成

仓储是指利用仓库存放、储存物品，并根据需要交付使用的行为。仓储是物流的主要功能要素之一。在物流中，运输的作用是改变“物”的空间状态，而仓储的作用是改变“物”的时间状态。所以，在物流系统中，运输和仓储是并列的两大主要功能要素，被称为物流的两个支柱。

一、仓储对企业成本的影响

仓储对于企业成本的影响具有两重性。

1. 正面影响

企业拥有适当的库存，可以避免由于缺货而进行紧急采购时引起的成本提高，使企业能在有利时机进行销售，或在有利时机实施购进，从而增加销售利润或减少购进成本。

2. 负面影响

在仓储过程中，产品的使用价值可能会不断降低；同时，实施仓储活动会产生费用支出，这会减少利润。仓储的负面影响主要表现在以下四个方面：

（1）增加固定资产投资与其他成本的支出

首先，实施仓储活动会引起仓库建设等固定资产投资的增加，从而增加企业成本，进货、验收、存储、发货、搬运等仓储作业的支出会导致企业收益的降低。其次，随着社会保障体系和安全体系的日益完善，我国企业近年来已开始对库存产品进行投保，缴纳保险费带来的支出在有些企业已达到较大比例，并且将会不断提高。最后，仓储管理成本的出现也使企业的物流成本进一步提高。

（2）机会损失

库存占用资金所支付的利息，以及这部分资金用于其他项目可能带来的收益，都是企业由于仓储活动而必须承担的机会成本。

（3）陈旧损失与跌价损失的风险

货物在库存期间可能发生各种化学、物理方面的变化，从而使其贬值甚至失去使用价值。对于技术含量较高且技术发展迅速的货物而言，技术过时也会引起跌价，导致损失。

（4）占用企业过多流动资金，影响企业正常运转

在企业运营活动中，仓储对流动资金的占用一般为 40%～70%，有时甚至占用全部流动资金。当企业出现较高库存时，势必将影响企业正常运转。

总之，在实际生产经营中，仓储是不可或缺的。但是仓储利弊的两重性给物流管理提出一个重要课题，即如何在物流系统中充分发挥仓储有利的一面而遏制其不利的一面。

二、仓储成本的概念及特性

1. 仓储成本的概念

仓储成本是指在储存、管理、物品进出库的相关物流活动中所发生的各种费用。仓储成本管理的任务是用最低的费用，在合适的时间和合适的地点取得适当数量的存货。在企业物流总成本中，仓储成本是一个重要的组成部分，合理控制各种仓储成本能增加企业的利润。

2. 仓储成本的特性

（1）重要性

仓储成本是物流成本的重要组成部分，而物流成本在国民生产总值中占较大比重。据世界银行分析，发达国家物流成本占国民生产总值的 10% 左右，美国低于 10%，中国 2017 年约为 14.6%。

（2）效益背反性

要增加客户满意度、提高物流水平，就会引起仓库建设和管理费用、仓库工作人员工资、存货费用等开支增高，加大仓储成本。要削减仓储成本，减少物流网络中仓库的数目并减少存货，就会增加运输成本。

（3）复杂性

现行会计制度对物流成本的核算缺乏统一的标准，增加了仓储成本的复杂性。

三、仓储成本的构成

仓储成本主要研究货物存储期间各种费用的支出，由仓储设施使用成本、仓储作业成本及库存持有成本构成。

仓储设施使用成本是指建造、购置、租赁仓储设施设备产生的成本。

仓储作业成本是指出库和入库操作、流通加工、分拣、装卸搬运等仓储作业产生

的成本。

库存持有成本包括多种不同的成本组成要素，构成比较复杂，计算比较困难，本书不进行讲述。

1. 仓储设施使用成本

仓储设施使用成本可分为自有仓库使用成本、租赁仓库使用成本和公共仓库使用成本。

（1）自有仓库使用成本

自有仓库由企业出资建设，为企业生产、销售服务，是企业的固定资产。自有仓库的成本构成主要包括自有仓库设施设备的折旧、维修和保养费等。

1）自有仓库设施设备的折旧。仓库等设施设备会由于使用、自然力的作用或科学的进步而逐渐丧失原有的价值。这种价值损耗是计提折旧的根本原因，可分为有形损耗和无形损耗两种形式。

知识链接

有形损耗指仓库等设施设备由于使用和自然力的影响引起的服务潜能降低。无形损耗指仓库等设施设备本身的服务潜能未受影响，但由于科学技术进步而引起的仓库等设施设备价值的降低。

自有仓库设施设备折旧方法主要包括直线法和加速折旧法。直线法又可分为平均年限法和工作量法，加速折旧法又可分为双倍余额递减法和年数总和法。

①平均年限法。平均年限法是按固定资产的使用年限平均计提折旧的一种折旧方法。计算公式如下：

$$年折旧率 =（1- 预计净残值率）\div 预计使用年限 \times 100\%$$
$$月折旧率 = 年折旧率 \div 12$$
$$月折旧额 = 固定资产原值 \times 月折旧率$$

②工作量法。工作量法是按实际工作量计提固定资产折旧的一种折旧方法。计算公式如下：

$$每一工作量折旧额 = 固定资产原值 \times（1- 预计净残值率）\div 预计总工作量$$
$$某项固定资产月折旧额 = 该项固定资产当月工作量 \times 每一工作量折旧额$$

③双倍余额递减法。双倍余额递减法是指在不考虑固定资产残值的情况下，用直线法折旧率的两倍作为固定的折旧率，乘以逐年递减的固定资产期初净值，得出各年应提折旧额的折旧方法。计算公式如下：

$$年折旧率 =2 \div 预计使用年限 \times 100\%$$
$$月折旧率 = 年折旧率 \div 12$$

$$月折旧额 = 固定资产账面净值 \times 月折旧率$$

④年数总和法。年数总和法是指将固定资产原值减去预计净残值后的净额乘以一个逐年递减的年折旧率计算每年折旧额的折旧方法。计算公式如下：

$$年折旧率 = 尚可使用年数 \div 年数总和 \times 100\%$$

$$月折旧率 = 年折旧率 \div 12$$

$$月折旧额 =（固定资产原值 - 预计净残值）\times 月折旧率$$

$$年数总和 = 预计使用年限 \times（预计使用年限 +1）\div 2$$

$$每年的折旧额 =（固定资产原值 - 预计净残值）\times 尚可使用年数 \div 年数总和$$

【例 5—1】某仓库有一台机器设备原价为 600 000 元，预计使用寿命为 5 年，预计净残值 24 000 元。试计算前三年的折旧额。

解：

年折旧率 =2÷5×100%=40%

第一年应提的折旧额 =600 000×40%=240 000（元）

第二年应提的折旧额 =（600 000−240 000）×40%=144 000（元）

第三年应提的折旧额 =（600 000−240 000−144 000）×40%=86 400（元）

2）自有仓库设施设备的维修与保养费。自有仓库设施设备的维修与保养费是对仓库等设施设备进行维护、中小修理和日常保养等所发生的费用。

（2）租赁仓库使用成本

租赁仓库使用成本就是企业租赁仓库的租金费用。租赁仓库除了提供存储服务外，一般不提供其他服务，因此不发生其他费用。租赁仓库的租金通常是根据企业在一定时期内租用仓储空间的大小和时间长短收取的。企业一旦租赁了仓库，成本就会产生，而与仓库是否利用无关；一旦停止租赁，成本就会消失。

（3）公共仓库使用成本

公共仓库的收费依据包括所需仓储空间的大小与期限、存储产品的种类、产品存储时有无特殊要求或限制、搬运等仓储作业的强度、订单的平均规模、所需文字记录工作的工作量等，由存储费、搬运费、附加成本三部分组成。

2. 仓储作业成本

（1）出入库作业

入库作业包括对入库货品进行登记、制作相应的单据并在部门间进行信息传递，以及为入库货品贴附方便仓储管理的条码。

出库作业包括根据产品订单或出库通知对出库货品进行登记，并制作相应的单据，在部门间进行信息传递。

（2）验货作业

验货作业包括入库时的验货作业和出库时的验货作业。入库时的验货作业是指根据入库清单核对即将进入仓库的货品的数量、种类和规格，同时还要检验货品质量。出库时的验货作业是指根据出库清单或者客户的订货清单核对即将出库的货品的数量、种类和规格，同时还要检验货品质量。

随着条码的广泛使用和便携式终端设备性能的提高，现代仓库正在大力推广条码，大大减轻了验货作业的工作量，提高了作业效率。

（3）场地管理作业

现代仓库内的场地管理有两种形式。一种是固定型场地管理，即利用信息系统事先将货架进行分类、编号并贴附货架代码，事先确定各货架内存放的货品。在固定型管理方式下，各货架内装载的货品长期相同，这有利于从事货品备货作业，建立信息管理系统也较为方便。同时，在存货发出以后利用信息系统能很方便地掌握账目和实际的剩余在库量，以便及时补充调剂。另一种是流动型场地管理，即所有货品按顺序摆放在空货架中，不事先确定各类货品专用的货架。采用流动型场地管理方式时，各货架内装载的货品是不断变化的，在货品变更登录时出差错的可能性较大。

一般来讲，固定型场地管理适用于非季节性货品，而流动型场地管理由于周转较快，出入库频繁，更适用于季节性货品或流行性货品。

（4）日常养护与管理作业

对在库的货品要进行日常养护，以保证货品的完好状态，减少货品的损耗，同时还要防止货品被盗或发生火灾等。

（5）备货作业

备货作业是指在接受订货指令、发出货票的同时，备货员按照发货清单在仓库内寻找、提取所需货品的作业。备货作业的进行方式有以下四种：

1）全面分拣。全面分拣是指由一个备货员全面负责一个订单从开始到结束的整个履行过程的操作方式。

2）批处理分拣。批处理分拣是指一个备货员负责一组订单，接收这批订单后，先建立批处理清单（批处理清单包括整个订单组里每种货品的总数），然后负责按照批处理订单分拣货品并将货品送到站台，最后将它们在各个订单之间进行分配的操作方式。

3）分区分拣。分区分拣是指将各个备货员分派到仓库的指定区域，在分区订单处理计划中，备货员挑选出订单中存放在其所负责区域的货品，并将其传给下一个备货员，由他挑选出下一个区域内的货品，依次传递下去，直至备货完成的操作方式。采用这种方式时，一个订单往往是由很多人完成备货的。

4）分拨分拣。分拨分拣是指按照一个指定特征对订单进行划分，然后分拣的操作方式。例如，同一个承运商可以将A公司所有的订单划分给第一组进行分拣，第二组分拣所有 B 公司的订单，其他组可以分拣其他公司的订单。

（6）装卸搬运作业

装卸是指将物品以人力或机械装入运输工具等设施设备或从运输工具等设施设备卸下的作业，搬运是指在小范围内移动物品位置的作业。装卸搬运是仓储活动转换连接的桥梁，贯穿整个仓储活动。

（7）流通加工作业

流通加工作业是指在物品从生产领域向消费领域流动的过程中，为了促进销售、维护产品质量和提高物流效率而对物品进行的简单加工，包括对物品进行包装、分割、计量、组装、贴附标签等简单作业。

第二节 仓储成本控制

一、仓储成本控制的重要性

仓储成本控制是指运用成本会计为主的各种方法预先确定仓储成本限额，按限额分配仓储成本和储存费用，将实际仓储成本与仓储成本限额比较，衡量仓储活动的成绩与效果，纠正不利差异，以提高工作效率，实现或超过预期的仓储成本控制限额。

1. 仓储成本控制是“第三利润”的源泉

仓储成本是物流成本的重要组成部分，对仓储成本进行控制，可以减少仓储费用开支，从而降低物流总成本，增加企业利润。

2. 仓储成本控制是企业正常经营的主要保障

企业在经营中面临着内外部环境的压力。外有激烈的市场竞争压力，内有职工要求改善待遇、增加发展机会的压力。企业为了维护正常的经营，主要依靠控制各种成本，提高产品质量，进行创新来增加竞争能力。进行仓储成本控制可以减少企业费用开支，提高产品的价格竞争力，增加企业抗拒风险的能力，使企业能更好地适应经济环境。

3. 仓储成本控制是企业发展的有力保障

企业不仅要生存，更需要不断发展。企业要做强做大，要在市场竞争中取胜，就需要在控制成本的基础上提高产品质量，创新产品设计，提高产品在市场上的竞争力。

许多企业在发展中陷入困境的重要原因之一是仓储成本失去控制，盲目地扩大生产和开发新产品。一旦市场环境发生变化，就会造成企业抗风险能力降低，经营困难。同时，仓储成本一旦失控，就会造成大量的资金占用，影响资金周转，使企业陷入财务危机。

二、仓储成本控制的原则

1. 整体性原则

因为仓储决策是企业经营的重要环节，所以仓储成本的控制要纳入企业的整体管理中，不能片面地追求降低仓储成本而忽略企业的整体运作。

2. 利益原则

首先，降低仓储成本从根本上说是对国家、企业、消费者有利的，但是如果在仓储成本控制中采用不适当的手段损害国家和消费者的利益，就是错误的，所以仓储成本的控制要符合国家和消费者的利益。其次，仓储成本控制要求有经济利益，即推行仓储成本控制而发生的成本费用支出不应超过因缺少控制而丧失的收益。只有在投入了一定的人力与费用进行仓储成本管理，为企业降低了成本，产生了经济利益时，才能显示仓储成本控制的重要性。所以，在仓储成本管理中，要建立严格的仓储成本控制制度，控制费用开支，以产生经济利益为原则。

3. 层层落实原则

进行仓储成本控制，必须把成本目标层层分解、层层归口、层层落实，具体到每一个小组，直至个人，使各有关责任单位明确责任范围，使仓储成本控制真正落到实处。落实过程中要注意责、权、利相结合，使每一个小组或个人的目标成本与他们的责任大小、控制范围相一致，否则成本控制可能会产生不好的效果。

4. 重点管理原则

在仓储成本管理中要编制成本预算，而企业实际发生的费用，不可能每一项都和预算完全一致，如果不管成本差异的大小，都详细记录并查明原因，将增加大量的工作，结果也不一定很好。因此，在仓储成本控制中，应把工作重点放在金额较大的重点事项上，解决关键问题，为仓储成本目标的实现提供保证。

三、仓储成本的数量控制法

1. 订货点控制法

订货点控制法是以固定订购点为基础的一种存货控制方法，即当库存量下降到一定水平（订货点）时，按固定的订货数量进行订货。该方法的重点在于确定订货批量和订购点。订货批量一般采用经济订货批量，订购点一般取决于订货提前期和安全库存量，如图 5–1 所示。

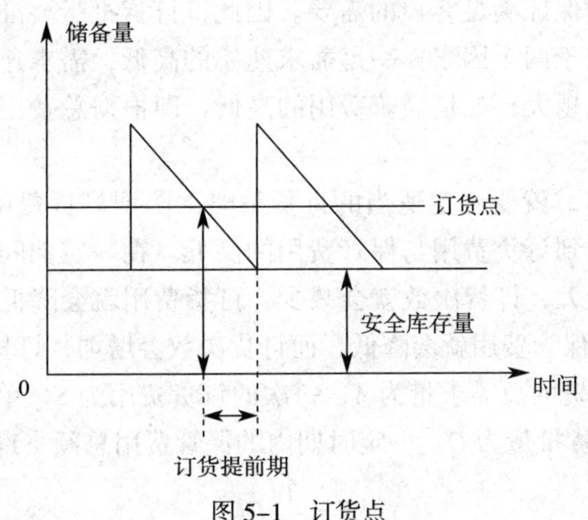

图 5–1　订货点

订货点的计算公式如下：

订货点 = 平均日需求量 × 订货提前期 + 安全库存量

【例 5—2】某企业是一家经销计算机的零售商。经测算，该企业的最佳订货批量为 240 台，安全库存量为 120 台，每天平均销售量为 60 台，订货提前期为 2 天。请计算其订货点。

解：

订货点 =60×2+120=240（台）

具体分析如下：在第 1 天，最佳订货批量 240 台全部到货，加上安全库存量 120 台，总库存量为 360 台。在第 3 天，总库存量下降到 240 台，到了订货点。因为从订购到收到货物需 2 天，在这段时间里要售出 120 台；由于在正常情况下不动用安全库存，所以当总库存量为 240 台时就要补充订货。由此企业确定订货点为 240 台。

使用订货点控制法进行库存管理十分方便：订货时间和订货量不受人为因素影响，可以保证库存管理的准确性；便于按经济订货批量订货，节约库存成本；订货量确定

后，便于按计划安排库内的作业活动，节约管理费用。但是也要注意，该方法不便于对库存进行严格的管理，所以仅适用于单价比较便宜、订货量比较大的物品（如螺栓、螺母），或通用性强、需求总量比较稳定的物品，或消费量计算复杂、品种数量多、库存管理量大的物品。

2. 订货批量控制法

订货批量是一次订货所订的货物数量。订货批量是不能随意确定的，其大小直接影响库存量的大小，直接影响货物的供应充足程度。订货批量太大，虽然可以较充分地满足客户的需要，但将使库存量过大，成本升高；订货批量太小，库存量虽然可以降下来，但不一定能保证满足客户的需要。因此，订货批量要准确。一般而言，订货批量的大小主要取决于两个因素：一是需求速率的高低，需求速率越高，客户的需求量越大，订货批量也越大；二是经营费用的高低，即根据总费用最省的原则确定经济订货批量。

要降低库存成本，就要制定适当的订货策略，协调订货费用与保管费用的比率。订货批量的大小关系到订货费用与保管费用的高低。在一定期间内，物资的总需求量一定时，若订货批量大，订货次数就会减少，订货费用就会降低，但是保管费用会提高；若订货批量小，保管费用就会降低，而订货次数会增加，订货费用也会增加。

设一定时期内物资的总需求量为 A，每次的订货费用为 S，单位物资在一定时期内的保管费用为 C，订货批量为 Q。一定时期内的保管费用总额（Y_1）为：

$$Y_1=\frac{1}{2}QC$$

一定时期内的订货费用总额（Y_2）为：

$$Y_2=\frac{A}{Q}\times S$$

一定时期内的订货与保管费用总额（Y）为：

$$Y=Y_1+Y_2=\frac{1}{2}QC+\frac{A}{Q}\times S$$

经济订货批量（Q^*）为：

$$Q^*=\sqrt{\frac{2AS}{C}}$$

一定时期内最优订货次数（N^*）为：

$$N^*=\frac{A}{Q^*}=\sqrt{\frac{AC}{2S}}$$

一定时期内最低订货与保管总费用（Y^*）为：

$$Y^*=\sqrt{2ASC}$$

【例 5—3】某企业全年需用某零件 36 000 件，每次订货费用为 250 元，每件零件年平均保管费用为 2 元。计算该零件的经济订货批量、最优订货次数、全年最低订货与保管总费用。

解：

按照公式代入得经济订货批量为：

$$Q^*=\sqrt{\frac{2AS}{C}}=\sqrt{\frac{2\times36\,000\times250}{2}}=3\,000（件）$$

全年最优订货次数为：

$$N^*=\sqrt{\frac{AC}{2S}}=\sqrt{\frac{36\,000\times2}{2\times250}}=12（次）$$

全年最低订货与保管总费用为：

$$Y^*=\sqrt{2ASC}=\sqrt{2\times36\,000\times250\times2}=6\,000（元）$$

3. ABC 分析法

ABC 分析法是一种存货分类管理方法，它运用数理统计方法对事物问题进行分类，并根据不同情况分别加以管理。该方法通常是将库存按成本分为三类：A 类是成本最高的库存，这些品种可能只占库存总数的 20% 左右，但库存成本却占到总数的 80% 左右；B 类是成本中等的库存，这些品种占全部库存的 30% 左右，库存成本占总数的 15% 左右；C 类库存品种占库存总数的 50% 左右，库存成本占总数的 5% 左右。

除成本指标外，企业还可以按照销售量、销售额等指标将库存分类。通过分类，管理者就能为每一类的库存品种制定不同的管理策略，实施不同的控制方法。ABC 分析法的管理策略见表 5–1。

表 5–1　　ABC 分析法的管理策略

库存类型	特点	管理策略
A	品种数约占库存总数的 20%，成本约占 80%	进行重点管理。现场管理要更加严格，存货应放在更安全的地方，要经常进行检查和盘点，预测时要更加仔细
B	品种数约占库存总数的 30%，成本约占 15%	进行次重点管理。现场管理不必投入比 A 类更多的精力，库存检查和盘点的周期可以比 A 类长一些
C	成本约占总成本的 5%，但品种数量约占库存总数的 50%	只进行一般管理。现场管理可以更松一点，但由于品种多，需要定期进行库存检查和盘点，周期可以比 B 类长

【例 5—4】某公司库存货物的金额及构成比例见表 5–2，请按 ABC 分析法把这些货物分类。

表 5-2　　库存货物构成状况

货物名称	金额（万元）	构成比例（%）
a	40	40
b	2	2
c	20	20
d	3	3
e	7	7
f	8	8
g	10	10
h	3	3
i	6	6
j	1	1
合计	100	100

解：

将各种货物按照资金比重由大到小排序，并计算累计百分比，填入表 5-3。

表 5-3　　库存货物分析

货物名称	金额（万元）	构成比例（%）	累计百分比（%）
a	40	40	40
c	20	20	60
g	10	10	70
f	8	8	78
e	7	7	85
i	6	6	91
d	3	3	94
h	3	3	97
b	2	2	99
j	1	1	100
合计	100	100	100

根据 ABC 分析法可以得出：A 类货物有 a、c、g、f，B 类货物有 e、i、d，C 类货物有 h、b、j。

4. CVA 分析法

由于 ABC 分析法有不足之处，通常表现为 C 类货物得不到重视，由此会给企业的运行带来问题。例如，经销鞋的企业会把鞋带列入 C 类货物，但是如果鞋带缺货将会严重影响鞋的销售；汽车制造企业会把螺钉列入 C 类货物，但缺少一个螺钉往往导致整个装配线停工。因此，企业可以在库存管理中引入了 CVA 分析法（即关键因素分析法），这种方法是把存货按照关键程度分成 3～4 类，即最高优先级（经营活动中的关键性货物，不许缺货）、较高优先级（经营活动中的基础性货物，允许偶尔缺货）、中等优先级（多属于比较重要的货物，允许合理范围内缺货）和较低优先级（经营中需要这些货物，但可替代性高，允许缺货），见表 5–4。

表 5–4　　CVA 分析法库存种类及管理策略

库存类型	特点	管理措施
最高优先级	经营管理中的关键货物，或 A 类重点客户的存货	不许缺货
较高优先级	经营管理中的基础性货物，或 B 类客户的存货	允许偶尔缺货
中等优先级	经营管理中比较重要的货物，或 C 类客户的存货	允许合理范围内缺货
较低优先级	经营管理中需要但可替代的货物	允许缺货

CVA 分析法是在 ABC 分析法基础上改进的，能够使货物储存合理化。两者结合使用，可以达到分清主次、抓住关键问题的目的。

四、不合理仓储的主要表现

不合理仓储主要表现在两个方面：一方面是由于储存技术不合理，造成了货物的损失；另一方面是仓储管理、组织不合理，不能充分发挥仓储作为利润源的作用。不合理仓储主要有以下几种形式：

1. 储存时间过长

一方面，经过一定的时间，被储物可以获得“时间效用”；另一方面，随着储存时间的增加，有形及无形损耗加大，被储物的“时间效用”反而下降。储存的总效果是确定储存最优时间的依据。

2. 储存数量过高

储存虽然以一定数量形成保证供应、保证生产和保证消费的能力，但储存的损失

（各种有形及无形损失）是随着储存数量的增加成正比例增加的。

3. 储存数量过低

储存数量过低会严重降低储存对供应、生产、消费的保障能力。当然，储存数量越低，储存的各种损失也会越低，储存数量降低到一定程度，由于保障能力的大幅度削弱会引起巨大损失，其损失远远超过由于减少储存量防止库损、减少利息支出损失等带来的收益。

4. 储存条件不足或过剩

储存条件不足指的是储存条件不能为被储物提供良好的储存环境及必要的储存管理措施，因此往往造成被储物的损失或整个储存工作的混乱。储存条件不足主要体现在储存场所简陋、储存设施不足、维护保养手段及措施不力，不足以保护被储物。储存条件过剩指的是储存条件大大超过需要，使被储物负担的储存成本过高，从而出现亏损。

5. 储存结构失调

储存结构是指被储物的比例关系，在宏观上和微观上，被储物的储存结构都会出现失调，如被储物的品种、规格、储存期、储存量、储存位置的失调等。

知识链接

为维护被储物的品质，仓储设计时应考虑温度、湿度、光线等自然因素对物品的影响，灰尘、虫害等问题，邻近物品或物料之间的相互影响，物品重量影响和卡片放置情况，有效存储期及其保证，防水、防火、防盗设施及设备，除锈措施及对酸、碱、盐的防护，物品搬运是否方便，是否有照明设施等。

五、降低仓储成本的途径

1. 优化仓库布局，做到适度集中库存

集中库存是指利用储存规模优势，以适度集中储存代替分散的小规模储存，实现仓储成本优化。例如，目前许多企业通过建立大规模的物流中心，把过去的零星库存集中起来进行管理，并对一定范围内的用户进行直接配送，从而显著降低仓储成本。所以，适度集中库存可以提高对单个用户的保障能力，有利于采用机械化、自动化方式，也有利于形成一定批量的干线运输，并有利于形成支线运输的始发点。但是，在

进行仓库布局时，如果过于注意仓库的减少与库存的集中，有可能会增加运输成本，因此要从运输成本、仓储成本和配送成本的角度综合考虑仓库布局与集中储存，要在总储费及运输费之间取得最优。

2. 采用现代化库存计划技术控制合理库存量

例如，采用物料需求计划、制造资源计划，以及准时制生产和供应系统等，合理地确定原材料，在产品、半成品和产成品等每个物流环节保持最优的库存量，使存货水平最低，浪费最小，空间占用最小。

3. 运用存储理论确定货物经济合理的库存量，实现货物存储优化

在进行物流仓储时，首先要分析货物从生产到客户之间需要经过几个阶段、每个阶段存储库存量多少合理、应隔多长时间补充库存，以及一次进货多少才能使费用最低等问题。在明确这些问题后，利用仓储理论找到正确的方法并加以应用。

4. 对库存实施 ABC 分析法和 CVA 分析法，抓住重点，优化库存结构

除了库存数量要合理、经济外，库存货物的结构也应合理。所以，要运用 ABC 分析法和 CVA 分析法对货物结构进行分析，并合理划分，加强控制。

5. 加强仓储管理，降低日常开支

在保证货物质量安全的前提下，要妥善堆放和储藏货物，以节约保管费用，提高仓库与仓储设备的利用率，掌握好储存量的增减变化情况，充分发挥库存使用效能。此外，还要加强对库存货物的保养，减少和降低各种损耗，从而优化仓储成本。

六、降低仓储成本的典型方法——零库存

零库存的含义是某种或某些货物的储存数量为“零”，即不保持库存或库存达到最低。货物以零库存形式存在就可以免去仓库建设、管理费用，存货维护、保管、装卸、搬运等费用，以及存货老化、变质等损耗。

生产企业要最大限度地降低库存成本，必须树立零库存思想。实现零库存的根本途径是实施准时化作业，如准时化采购、准时化生产、准时化配送、准时化销售等。准时化作业就是只在需要的时候把需要的货物品种和数量送到需要的地点，这样可以实现零库存。实施零库存管理对物流成本的影响见表 5-5。

表 5–5　　实施零库存管理对物流成本的影响

零库存实施的环节	优点和效益	难点和成本
采购环节（准时制采购）	将原材料库存降到最低甚至零；减少原材料库存占用资金和优化应付账款；库存管理成本降低（包括仓库费用、人员费用、呆滞库存等）	小批量供应、运输或配送频率高，物流成本高；必须与供应商即时进行信息交流，信息化投入大；采用供应商管理库存（VMI）方式实现零库存，因企业计划、市场变化和产品更新等因素，会造成供应商产品积压或报废，影响合作关系
生产环节（准时制生产）	将生产环节中的在制品和半成品数量降到最低；减少在制品和半成品库存占用资金	生产设备更新时投资成本较高；生产管理模式改变（看板管理、轮动管理）；生产作业软件管理系统投入较大
物流配送环节（准时制配送和协同物流）	在物流和运输中做到一体化协同运作；减少中间仓储和搬运等环节，可将物流成本控制在最低水平	需要在各协作厂商间建立信息交换平台；物流和配送实际网络的配套和建设成本较高
销售环节（准时制销售）	按真实的订单生产，消灭成品库存；销售预测准确，尽量降低成品库存，从而减少其占用资金并优化应收账款；规避成品因市场变化和产品升级换代而产生的降价风险；库存管理成本降低（包括仓库与人员费用、呆滞库存等）	按订单生产的销售模式会造成客户等待，导致交货时间延后，丧失某些商业机会；直销模式需建立强大的订单处理和客户服务系统；按预测生产的销售模式对销售终端（不是批发商等中间环节，而是零售商门店等）的数据采集和分析要求极高，以求预测数据尽量接近实际，而相应的技术和管理成本是巨大的；小批量、多频率销售导致较高的运输或配送等物流成本

零库存的主要形式有以下几种：

1. 委托保管方式

这种方式是指接受用户的委托，由受托方代存代管所有权属于用户的货物，用户不再保有库存，甚至可不再保有保险储备库存，从而实现零库存。采用这种方式时，受托方可以发挥专业优势，利用专业化的高水平管理，显著降低库存管理费用。用户方不再设有仓库，免去了仓储管理的大量事务，降低了仓储费用，从而能将资金集中于生产经营，发挥优势。

2. 协作分包方式

这种方式是以若干分包企业的柔性生产准时供应为基础，使主企业的供应库存为零，同时主企业的集中销售库存使若干分包劳务及销售企业的销售库存为零。在许多发达国家，制造企业都是由一家规模很大的主企业和许多小型分包企业组成的，主企业主要负责装配产品和开拓市场，分包企业各自进行分包劳务、分包零部件制造、分包供应和分包销售。

3. 同步方式

同步方式是在对系统进行周密设计的前提下，使各个环节速率完全协调，从而消除各个环节之间物资的暂时停滞。这种方式是在传送带式生产的基础上进行更大规模延伸后形成的，使生产与供应同步进行，从而实现零库存。

4. 准时供应方式

采用准时供应方式时，企业间应建立有效的供应链，供货方以自己的库存和有效供应系统承担即时供应的责任，从而使用户实现零库存。

思考练习题

1. 仓储对于企业成本有什么影响？
2. 什么是仓储成本？有哪些特点？
3. 仓储成本的构成项目有哪些？
4. 降低仓储成本的途径有哪些？
5. 影响仓储成本的因素有哪些？
6. 订货点控制法的原理是什么？如何实施？
7. 经济批量控制法的原理是什么？如何实施？
8. 某企业全年甲材料的耗用量为 10 000 件，订购费用为每次 2 000 元，年储存费用率为 20%，采购单价为 100 元，则经济订购批量为多少件？总费用为多少元？

案例分析

K 公司应用 ABC 分析法管理库存

K 公司是一家专门经营进口医疗用品的企业，该公司经营的产品有 26 个品种，共有 69 个主要客户，年营业额为 5 800 万元。对于 K 公司这样的贸易企业而言，因为进口产品交货期较长，库存占用资金大，库存管理显得尤为重要。

K 公司按销售额的大小，将其经营的 26 种产品排序，划分为 A、B、C 三类。排在前三位的产品的销售额占总销售额的 97%，因此把它们归为 A 类产品；第 4、第 5、第 6、第 7 种产品每种产品的销售额占总销售额的 0.1%～0.5%，把它们归为 B 类；其

余的 19 种产品的销售额占总销售额的 1%，将它们归为 C 类。

对于 A 类的三种产品，K 公司实行了连续性检查策略，每天检查库存情况，随时掌握正确的库存信息，进行严格控制，在满足客户需要的前提下维持尽可能低的安全库存量。K 公司与国外供应商协商，并且对运输时间做了认真的分析，算出 A 类产品的订货提前期为两个月（从下订单到货物从 K 公司的仓库发运出去，需要两个月的时间）。即 6 月份销售的产品应该在 4 月 1 日下订单给供应商，才能保证在 6 月 1 日出库。由于该公司产品每个月的销售量不稳定，因此，每次订货的数量就不同，要按照实际的预测数量进行订货。为了预防预测不准确，还要保持一定的安全库存，K 公司将安全库存定为下个月预测数量的三分之一。该公司对 A 类产品实行连续性检查的库存管理，即每天对库存进行检查，一旦实际库存数量加在途的产品数量等于下两个月的销售预测数量加安全库存时，就下订单订货，订货数量为第三个月的预测数量。因其实际的销售量可能大于或者小于预测值，所以每次订货的间隔时间也不同。这样管理后，这 3 种 A 类产品库存状况基本达到了预期的效果。

对于 B 类产品，该公司采用周期检查策略，每个月检查库存并订货一次。目标是每月检查时库存数量不低于以后两个月的销售数量，另外在途还有一个月的预测量。每月进货时，再根据当时剩余的实际库存数量决定需进货的数量。这样就会使 B 类产品的库存周转率低于 A 类产品。

对于 C 类产品，该公司采用定量订货的方法，根据历史销售数据得出产品的半年销售量，作为该种产品的最高库存量，并将其两个月的销售额作为最低库存量。一旦库存达到最低库存，就去订货，将其补充到最高库存量。这种方法比前两种方法更省时间，但是库存周转率最低。

该公司实行了以上库存管理方法后，虽然管理 A 类产品占用了最多的时间和精力，但得到了满意的库存周转率。而 B 类和 C 类产品虽然库存周转较慢，但相对于很低的资金占用和很少的人力支出来说，这种管理方法是最适宜的。

分析案例并回答下列问题：

1. K 公司是怎样用 ABC 分析法达到库存控制的目的的？

2. 除了 ABC 分析法，K 公司还采用了哪些库存管理办法？

第六章　配送成本管理

【引导案例】

配送成本拖垮生鲜电商

某生鲜零售龙头企业首度“触网”便遭遇波折，旗下生鲜电商网站上线不足两个月就已经停止运营。业界认为，高昂的配送成本仍是生鲜零售企业以及超市同行做生鲜电商的一道坎。

据了解，该企业成立全国电子商务总部后，紧接着，旗下生鲜电子商务平台正式上线。不到两个月，平台网站已经显示为“建设中”。在该企业官网，生鲜电子商务平台的标签已不见踪影。

业内人士认为，该企业在生鲜上的强项是采购和损耗控制，但这两点仅在实体卖场中奏效，涉足线上却需要靠资金、物流和运营等多方面的经验。

事实上，该企业试水电商失败也折射了超市行业触网的困境。近年来，多家超市企业拉开了超市进军电商的大幕。不过两年时间，几乎全军覆没。

思考：该企业旗下生鲜电商停止运营的原因是什么？

第一节　配送成本及其构成

一、配送成本的含义和特点

1. 配送成本的含义

配送是根据客户的要求，在配送中心或其他物流结点进行货物配备，并以最合理方式送交用户的过程，是流通加工、整理、拣选、分类、配货、装配、运送等一系列

活动的集合。

通过配送，物流活动才得以最终实现，但完成配送活动是需要付出代价的，即配送成本。配送成本是指在配送活动的备货、储存、分拣及配货、配装、送货和配送加工等环节所发生的各项费用的总和，是配送过程中所消耗的各种物化劳动和活劳动的货币表现。

企业配送成本可以分为运输费、储存保管费、包装费、装卸费、分拣及配货费、流通加工费、信息处理费和配送管理费。

2. 配送成本的特点

（1）配送成本的隐蔽性

要想直接从企业的财务流程中完整地提取企业发生的配送成本是难以办到的。例如，通常的财务会计通过“销售费用、管理费用”科目可以看出部分配送成本的情况，但这些科目反映的费用仅仅是全部配送成本的一部分，即企业对外支付的配送费用。而且，这部分费用往往混同在其他有关费用中，不是单独设立配送费用科目进行独立核算。

（2）配送成本削减的乘法效应

配送成本削减具有乘法效应，配送成本的减少可以显著增加企业的效益与利润。假定销售额为 1 000 元，配送成本为 100 元。如果配送成本降低 10%，就可能得到 10 元的利润。假定这家企业的销售利润率为 10%，则创造 10 元利润，需要增加 100 元的销售额。可见，配送成本的下降能够产生极大的效益。

（3）配送成本的效益背反

效益背反是指同一资源的两个方面处于相互矛盾的关系中，要追求一方，必须舍弃另一方。这种状态在配送活动中也是存在的。例如，尽量减少仓库数量及库存量，必然导致库存补充频繁，从而增加运输次数，同时，仓库数量减少，会导致配送距离变长，运输费用进一步增大。如果运输费用的增加超过保管费用的降低部分，总成本反而会增加，这样减少仓库数量及库存量就变得毫无意义。

二、配送成本的构成

1. 按配送成本在配送过程的发生阶段划分

根据配送流程及配送环节不同，配送成本实际上是包含配送运输费用、分拣费用、配装及流通加工费用等的全过程，具体由以下费用构成。

（1）配送运输费用

配送运输费用主要包括车辆费用和营运间接费用。车辆费用指从事配送运输生产而发生的各项费用，具体包括驾驶员及助手的工资及福利费、燃料费、轮胎费、修理费、折旧费、养路费、车船使用税等项目。营运间接费用是指营运过程中发生的不能直接计入各成本计算对象的费用，具体包括配送站、车队工作人员的工资及福利费、办公费、水电费、折旧费等内容，但不包括管理费用。

（2）分拣费用

分拣费用包括人工费用和设备费用。人工费用是指从事分拣工作的作业人员及有关人员的工资、奖金、补贴等费用的总和。设备费用是指分拣机械设备的折旧费用及修理费用。

（3）配装费用

配装费用包括配装材料费用、辅助费用和人工费用。常见的配装材料有木材、纸张、自然纤维、合成纤维、塑料等。这些包装材料功能不同，成本相差很大。除上述费用外，还有一些辅助费用，如包装标记、标志的印刷费用等。人工费用是指从事包装工作的工人及有关人员的工资、奖金、补贴等费用的总和。

（4）流通加工费用

流通加工费用包括流通加工设备费用、流通加工材料费用和流通加工人员费用。流通加工设备因流通加工形式不同而不同，购置这些设备所支出的费用即流通加工设备费用，以流通加工费用的形式转移到被加工产品中去。流通加工材料费用即流通加工过程中一些材料消耗所需要的费用。流通加工人员费用是指流通加工过程中从事加工活动的管理人员、工人及有关人员的工资、奖金等费用的总和。

实际应用中，应该根据配送的具体流程归集成本，不同配送模式的成本构成差异较大。相同的配送模式下，由于配送物品性质不同，其成本构成差异也很大。

2. 按照配送成本的现实表现划分

（1）材料费

材料费包括物资材料费、燃料费，以及消耗性工具、低值易耗品摊销和其他物料消耗费。

（2）人工费

人工费主要包括工资、奖金、补贴、福利和职工教育培训费等。

（3）维护费

维护费主要包括维修保养费、折旧费、土地费用、租赁费用、保险费等。

（4）一般经费

一般经费相当于财务会计中的一般管理费，主要包括差旅费、会议费、交际费、邮电费及各种税款，还包括商品损耗费、事故处理费及其他杂费等。

（5）特别经费

特别经费主要包括按实际使用年限计算的折旧费和企业内利息等。

（6）对外委托费

对外委托费主要指企业对外支付的运输费、保管费、包装费、出入库装卸费和委托物流加工费。

（7）向其他企业支付的费用

在配送成本中还包括向其他企业支付的费用，比如商品购进采用送货制时包含在购买价格中的运费，以及商品销售采用提货制时因顾客自己取货而从销售价格中扣除的运费。在这种情况下，虽然实际上本企业内并未发生配送活动，但却发生了相关费用，因此也应该把其计入配送成本。

重点提示

影响配送成本的因素包括配送作业时间、配送距离、配送作业过程、外部成本（如租用装卸搬运设施设备、不同地区的交通管制状况、基础设施等产生的成本），以及货物的种类、数量和质量等。

第二节　配送成本核算

配送成本费用的核算是多环节核算，是各个配送环节或活动的集成。实际核算时，涉及哪一个活动，应当对哪一个活动进行核算。配送各个环节的成本费用核算都具有各自的特点，如流通加工费用核算与配送运输费用核算有明显的区别，成本计算的对象及计算单位都不同。

配送成本费用的计算涉及多个环节，对每个环节应当计算各成本计算对象的总成本。总成本是指成本计算期内成本计算对象的成本总额，即各个成本项目金额之和。配送成本费用总额由各个环节的总成本组成，其计算公式如下：

配送成本 = 配送运输成本 + 分拣成本 + 配装成本 + 流通加工成本

需要指出的是，在进行配送成本费用核算时要避免配送成本费用重复交叉、夸大或减小费用支出，使配送成本、费用不真实，不利于配送成本费用的管理。

一、配送运输成本的核算

1. 配送运输成本项目及内容

配送运输成本是指配送车辆在完成配送货物过程中所发生的各种车辆费用和配送间接费用。车辆费用是指配送车辆从事配送生产所发生的各项费用，包括以下项目。

（1）工资

工资是指支付给配送车辆驾驶员的基本工资、附加工资及工资性津贴。

（2）职工福利费

职工福利费是指按规定的工资总数及规定比例计提的费用。

（3）燃料费

燃料费是指配送车辆运行所耗用燃料（如汽油、柴油等）的费用。

（4）轮胎费

轮胎费是指配送车辆耗用的外胎、内胎、垫带的费用，以及轮胎的翻新费和修补费。

（5）修理费

修理费是指配送车辆进行各级保养和修理所发生的工料费、修复旧件费和行车耗用的机油费。

（6）大修费

大修费是指配送车辆计提的大修理基金和车辆大修竣工后调整的费用差异，以及车辆超、亏大修里程定额差异应调整增减的费用。

（7）折旧费

折旧费是指配送车辆按规定计提的折旧费用。

（8）养路费

养路费是指按规定向公路管理部门缴纳的营运车辆养路费用。

（9）公路运输管理费

公路运输管理费是指按规定向运输管理部门缴纳的营运车辆管理费用。

（10）车船使用税费

车船使用税费是指企业按规定向税务部门缴纳的营运车辆使用税。

（11）行车事故损失

行车事故损失是指配送车辆在配送过程中，因行车肇事所发生的事故损失。

（12）其他费用

其他费用是指不属于以上各项的车辆费用，如行车杂支、随车工具费、防滑链条

费、中途故障救济费、驾驶员和助手劳动保护用品费、车辆清洗费、冬季预热费、由配送方负担的过路过桥费等。

配送间接费用是指配送运输管理部门为管理和组织配送运输生产所发生的各项管理费用和业务费用，包括配送运输管理部门管理人员的工资及福利费、配送运输部门为组织运输生产活动所发生的管理费用及业务费用（如取暖费、水电费、办公费、差旅费、保险费等)、配送运输部门固定资产的折旧和修理费用，以及直接用于生产活动，构成营运成本但不能直接计入成本项目的其他费用。

上述车辆费用和配送间接费用构成配送运输成本项目。配送运输成本在配送总成本构成中占有较大比例，应进行重点管理。

2. 配送运输成本计算方法

配送运输成本计算方法是指，配送车辆在配送生产过程中所发生的费用按照规定的成本计算对象和成本项目计入配送运输成本的方法。其数据来源如下：

（1）工资及职工福利费

工资及职工福利费根据“工资分配汇总表”和“职工福利费计算表”中各车型分配的金额计入成本。

（2）燃料费

燃料费根据“燃料发出凭证汇总表”中各车型耗用的燃料金额计入成本。配送车辆在本企业以外的油库加油，其领发数量不作为企业购入和发出处理的，应在发生时按照配送车辆领用数量和金额计入成本。

（3）轮胎费

轮胎外胎采用一次摊销法的，根据“轮胎发出凭证汇总表”中各车型领用的金额计入成本；采用按行驶里程提取法的，根据“轮胎摊提费计算表”中各车型应负担的摊提额计入成本。发生轮胎翻新费时，根据付款凭证直接计入各车型成本或通过待摊费用分期摊销。内胎、垫带根据“材料发出凭证汇总表”中各车型成本领用金额计入成本。

（4）修理费

修理费即辅助生产部门对配送车辆进行保养和修理的费用，根据“辅助营运费用分配表”中分配各车型的金额计入成本。

（5）折旧费

折旧费根据“固定资产折旧计算表”中按照车辆种类提取的折旧金额计入各分类成本。

（6）养路费及运输管理费

配送车辆应缴纳的养路费和运输管理费应在月终计算成本时，编制“配送营运车辆应缴纳养路费及管理费计算表”，据此计入配送成本。

（7）车船使用税、行车事故损失和其他费用

如果是通过银行转账、应付票据、现金支付的，根据付款凭证等直接计入有关的车辆成本；如果是在企业仓库内领用的材料物资，根据“材料发出凭证汇总表”和“低值易耗品发出凭证汇总表”中各车型领用的金额计入成本。

（8）营运间接费用

该费用根据“营运间接费用分配表”计入有关配送车辆成本。

3. 配送运输成本计算表

物流配送企业月末应编制“配送运输成本计算表”，反映配送运输总成本和单位成本。

配送运输总成本是指成本计算期内成本计算对象的成本总额，即各个成本项目金额之和。单位成本是指成本计算期内各成本计算对象完成单位周转量的成本额。各成本计算对象计算的成本降低额是指用该配送成本的上年度实际单位成本乘以本期实际周转量计算的总成本，减去本期实际总成本的差额。它是反映该配送运输成本由于成本降低所产生的节约金额的一项指标。

按各成本计算对象计算的成本降低率是指该配送运输成本的降低额与上年度实际单位成本乘以本期实际周转量计算的总成本比较的百分比。它是反映该配送运输成本降低幅度的一项指标。各成本计算对象的降低额和降低率的计算公式如下：

成本降低额 = 上年度实际单位成本 × 本期实际周转量 – 本期实际总成本

成本降低率 = 成本降低额 /（上年度实际单位成本 × 本期实际周转量）× 100%

配送运输成本计算表的格式见表 6–1。

表 6–1　　配送运输成本计算表

编制单位：　　年　月　　单位：元

项目	计算依据	配送车辆合计	配送营运车辆		
			车辆甲	车辆乙	车辆丙
一、车辆费用					
工资					
职工福利费					
燃料费					
轮胎费					
修理费					
折旧费					
养路费					

续表

项目	计算依据	配送车辆合计	配送营运车辆		
			车辆甲	车辆乙	车辆丙
车船使用税					
运输管理费					
行车事故损失					
其他					
二、营运间接费用					
三、配送运输总成本					
四、周转量（千吨公里）					
五、单位成本（元 / 千吨公里）					
六、成本降低率					

二、分拣成本的核算

分拣成本是指分拣机械及人工在完成货物分拣过程中所发生的各种费用，包括分拣直接费用和分拣间接费用。

1. 分拣直接费用

（1）工资

工资是指按规定支付给分拣作业工人的标准工资、奖金、津贴等。

（2）职工福利费

职工福利费是指按规定的工资总额和提取标准计提的费用。

（3）修理费

修理费是指分拣机械进行保养和修理所发生的费用。

（4）折旧费

折旧费是指分拣机械按规定计提的折旧费用。

（5）其他费用

其他费用是指分拣过程中发生的不属于以上各项的费用。

2. 分拣间接费用

分拣间接费用是指配送分拣管理部门为管理和组织分拣生产而产生的，需要由分拣成本负担的各项管理费用和业务费用。上述分拣直接费用和分拣间接费用构成配送环节的分拣成本。

3. 分拣成本的计算方法

配送环节分拣成本的计算方法是指分拣过程所发生的费用按照规定的成本计算对象和成本项目计入分拣成本的方法。

（1）工资及职工福利费

工资及职工福利费根据“工资分配汇总表”和“职工福利费计算表”中分配的金额计入分拣成本。

（2）修理费

辅助生产部门对分拣机械进行保养和修理的费用根据“辅助生产费用分配表”中分配的金额计入分拣成本。

（3）折旧费

折旧费根据“固定资产折旧计算表”中按照分拣机械提取的折旧金额计入分拣成本。

（4）其他费用

其他费用根据“低值易耗品发出凭证汇总表”中分拣成本领用的金额计入分拣成本。

（5）分拣间接费用

分拣间接费用根据“配送管理费用分配表”计入分拣成本。

4. 分拣成本计算表

物流配送企业月末应编制分拣成本计算表，反映分拣总成本。分拣总成本是指成本计算期内成本计算对象的成本总额，即各个成本项目金额之和。分拣成本的计算见表 6–2。

表 6–2　分拣成本计算表

编制单位：　　年　月　　单位：元

项目	计算依据	合计	分拣品种		
			货物甲	货物乙	货物丙
一、分拣直接费用					
工资					
职工福利费					
修理费					
折旧费					
其他费用					
二、分拣间接费用					
分拣总成本					

三、配装成本的核算

配装成本是指在完成配装货物过程中所发生的各种费用，包括直接费用和间接费用。

1. 配装直接费用

（1）工资

工资是指按规定支付的配装作业工人的标准工资、奖金、津贴。

（2）职工福利费

职工福利费是指按规定的工资总额和提取标准计提的费用。

（3）材料费

材料费是指配装过程中消耗的各种材料（如包装纸、包装箱、塑料等）的费用。

（4）辅助材料费

辅助材料费是指配装过程中耗用的辅助材料（如标志、标签等）的费用。

（5）其他费用

其他费用是指不属于以上各项费用的费用，如配装工人的劳保用品费等。

2. 配装间接费用

配装间接费用是指配送配装管理部门为管理和组织配装生产所发生的各项费用，以及由配装成本负担的各项管理费用和业务费用。

上述配装直接费用和配装间接费用共同构成了配装成本。

3. 配装成本的计算方法

配送环节的配装活动是配送的独特要求，其成本的计算方法是指配装过程中所发生的费用按照规定的成本计算对象和成本项目进行计算的方法。

（1）工资及福利费

工资及福利费根据“工资分配汇总表”和“职工福利费计算表”中分配的配装成本金额计入成本。

计入产品成本中的直接人工费用数额是根据当期“工资结算汇总表”和“职工福利费计算表”确定的。

（2）材料费

根据“材料发出凭证汇总表”“领料单”及“领料登记表”等原始凭证，配装成本耗用的金额计入成本。直接材料费用中，材料费用数额是根据全部领料凭证汇总编制

“耗用材料汇总表”确定的。在归集直接材料费用时，凡能分清某一作业成本计算对象的费用应单独列出，以便直接计入该配装对象的产品成本计算单中。属于几个配装成本对象共同耗用的直接材料费用，应当选择适当的方法，分配计入各配装成本计算对象的成本计算单中。

（3）辅助材料费

辅助材料费用根据“材料发出凭证表”和“领料单”中的金额计入成本。

（4）其他费用

其他费用根据“材料发出凭证汇总表”和“低值易耗品发出凭证”中配装成本领用的金额计入成本。

（5）配装间接费用

配装间接费用根据“配装间接费用分配表”计入配装成本。

4. 配装成本计算表

物流配送企业月末应编制配送环节配装成本计算表，反映配装总成本。

配装作业是配送的独特要求，只有进行有效的配装，才能提高送货水平，降低送货成本。配装成本计算表见表 6–3。

表 6–3　配装成本计算表

编制单位：　　年　月　　单位：元

项目	计算依据	合计	配装品种		
			货物甲	货物乙	货物丙
一、配装直接费用					
工资					
职工福利费					
材料费					
辅助材料费					
其他费用					
二、配装间接费用					
配装总成本					

四、流通加工成本的核算

流通加工是指在物品从生产领域向消费领域流动过程中，为了促进销售、维护产品质量和提高物流效率，对物品进行的简单加工，包括对物品进行包装、分割、计量、组装、价格贴付、标签贴付等作业。

1. 流通加工成本的构成

（1）流通加工设备费用

流通加工设备因流通加工形式、服务对象不同而不同。物流中心常见的流通加工设备有用于剪板加工的剪板机、用于印贴标签条码的喷印机、用于拆箱的拆箱机等。购置这些设备所支出的费用通过流通加工费的形式转移到被加工的产品中去。

（2）流通加工材料费用

流通加工过程中需要消耗一些材料，如包装材料，消耗这些材料所需要的费用即为流通加工材料费用。

（3）流通加工劳务费用

流通加工过程中从事加工活动的管理人员、工人及有关人员工资、奖金等费用的总和，即为流通加工劳务费用。

（4）流通加工其他费用

除上述费用外，流通加工中产生的电费、燃料费、油料费等费用，也是流通加工成本的构成费用。

2. 流通加工成本计算

为简化核算，对流通加工成本设置直接材料、直接人工和制造费用三个成本项目。

（1）流通加工直接材料费用的计算

1）流通加工直接材料费用的内容。流通加工直接材料费用是指流通加工产品加工过程中直接消耗的材料、辅助材料、包装材料，以及燃料和动力等的费用。与工业企业相比，流通加工过程中的直接材料费用占流通加工成本的比例不大。

2）材料消耗量的核算。为了正确计算在流通加工过程中材料的消耗量，企业应当采用连续记录法，及时记录材料的消耗数量。记录生产过程中材料消耗量的原始凭证有领料单、限额领料单、领料登记表等。为了正确计算材料消耗量，期末，对于在生产过程中只领未用的材料，应当填写退料单，退料单也是记录材料消耗的原始凭证。只有严格要求材料发出的凭证和手续，才能正确计算和确定材料消耗的数量。

3）消耗材料价格的核算。在实际工作中，物流企业可以按照实际成本计价组织材料核算，也可按计划成本计价组织材料核算，但无论采用哪种计价方式，加工过程中消耗的材料价格都应当是材料的实际成本。

当采用实际成本计价组织材料核算时，由于同一材料的购入时间和地点不同，各批材料购进的实际单价可能不一致，因此，物流企业必须采用一定的方法，正确计算消耗材料的实际价格。

当采用计划成本计价组织材料核算时，物流企业应当正确计算消耗材料应分摊的材料成本差异，将消耗材料的计划成本调整为实际成本。消耗材料的实际成本等于计划成本加上应分摊的材料成本超支差异，或减去应分摊的材料成本节约差异。

4）直接材料费用的归集。在直接材料费用中，材料费用数额是根据全部领料凭证汇总编制“耗用材料汇总表”确定的。在归集直接材料费用时，凡能分清某一成本计算对象的费用，应单独列出，以便直接计入该加工对象的产品成本计算单中；属于几个加工成本对象共同耗用的直接材料费用，应当选择适当的方法，分配计入各加工成本计算对象的成本计算单中。

5）直接材料费用的分配。需要分配计入各加工成本对象的直接材料费用，在选择分配方法时，要遵循合理、简便的原则。分配方法中重要的因素是分配标准，分配方法通常是以分配标准命名的。分配标准应当容易取得、便于计算。

在直接材料费用中，流通加工所消耗的材料和燃料费用的分配，一般可以选用重量（体积、产品产量）分配法、定额耗用量比例分配法、系数分配法（标准产量分配法）；流通加工所消耗的动力费用的分配，可以选用定额耗用量比例分配法、系数分配法（标准产量分配法）、生产工时分配法、机器工时分配法等。

（2）流通加工直接人工费用的核算

1）流通加工直接人工费用的内容。流通加工成本中的直接人工费用是指直接进行加工生产的生产工人的工资总额和按工资总额提取的职工福利费，生产工人工资总额包括计时工资、计件工资、奖金、津贴和补贴、加班工资、非工作时间的工资等。

2）流通加工直接人工费用的归集。计入产品成本中的直接人工费用的数额是根据当期“工资结算汇总表”和“职工福利费计算表”确定的。

3）流通加工直接人工费用的分配

采用计件工资形式支付的生产工人工资一般可以直接计入所加工产品的成本，不需要在各种产品之间进行分配。采用计时工资形式支付的工资，如果生产工人只加工一种产品，也可以将工资费用直接计入该产品成本，不需要分配；如果加工多种产品，则需要选用合理方法，在各种产品之间进行分配。按照工资总额一定比例提取的职工福利费，其归集方法与工资相同。

直接人工费用的分配方法有生产工时分配法、系数分配法等。流通加工生产工时分配法中的生产加工工时可以是产品的实际加工工时，可以是单位产品加工定额工时，也可以是实际加工量的定额总工时。

（3）流通加工制造费用的核算

1）制造费用的内容。流通加工制造费用是指物流中心设置的生产加工单位为组织和管理生产加工所发生的各项间接费用，主要包括流通加工生产单位管理人员的工资及提取的福利费，生产加工单位房屋、建筑物、机器设备等的折旧和修理费，生产单位固定资产租赁费、物料消耗、低值易耗品摊销、取暖费、水电费、办公费、差旅费、

保险费、试验检验费、季节性停工和机器设备修理期间的停工损失，以及其他制造费用。

在构成流通加工成本的直接材料费用、直接人工费用和制造费用等项目中，制造费用属于综合性费用，明细项目比较多，除机器设备等的折旧费和修理费外，制造费用的大部分为一般费用。尽管有些制造费用和加工产品产量的变动有关，但制造费用多为固定费用，不能按照业务量确定定额，只能按会计期间编制制造费用预算，控制制造费用总额。

2）制造费用的归集。制造费用是通过设置制造费用明细账，按照费用发生的地点进行归集的。制造费用明细账按照加工生产单位开设，并按费用明细账项目设专栏组织核算。流通加工制造费用表的格式可以参考工业企业制造费用表的一般格式。由于流通加工环节的折旧费用、固定资产修理费用等占成本比例较大，其费用归集尤为重要。

3）制造费用的分配。制造费用是指各加工单位为组织和管理流通加工所发生的间接费用，其受益对象是流通加工单位当期所发生的全部产品。当加工单位只加工一种产品时，制造费用不需要在受益对象之间分配，直接转入流通加工成本；若加工多种产品时，则需要在全部受益对象之间分配，包括自制工具，以及生产单位负责进行的在建工程，都要负担制造费用。在选择制造费用分配方法时，同样注意分配标准的合理性和简便性。在实际工作中，制造费用分配方法有生产工时计算法、机器工时分配法、系数分配法、直接人工费用比例分配法等。

生产工时分配法是以加工各种产品的生产工时为标准分配费用的方法。按照生产工时比例分配制造费用，能将劳动生产率与产品负担的费用水平联系起来，使分配结果比较合理。做好加工工时的记录和核算工作，不仅是计算产品成本的一项重要的基础工作，而且对于分析和考核劳动生产率水平，加强生产管理和劳动管理也有着重要意义。生产工时一般指加工产品实际总工时，也可以是按实际加工量和单位加工量的定额工时计算的定额总工时。

例如，某物流中心流通加工部门本月制造费用明细账归集的制造费用总额为30 000元，本月实际加工工时为4 000 h，其中加工甲产品1 400 h，乙产品1 100 h，丙产品1 500 h。采用生产工时分配法编制制造费用分配表，见表6–4。

表6–4　　制造费用分配表

产品名称	加工工时（h）	分配率	分配金额（元）
甲	1 400	0.35	10 500
乙	1 100	0.275	8 250

续表

产品名称	加工工时（h）	分配率	分配金额（元）
丙	1 500	0.375	11 250
合计	4 000	1	30 000

（4）流通加工费用在完工产品和期末在产品之间的分配

1）在产品数量的计算。在产品是指流通加工单位或某一加工步骤正在加工的在制品。在产品完成全部加工过程且验收合格以后，就成为完工产品。

按成本项目归集加工费用，并在各成本计算对象之间进行分配以后，企业本期（本月）发生的加工费用已经全部计入各种产品（各成本计算对象）的成本计算单中。登记在某种产品成本计算单中的月初在产品成本加上加工费用，即为生产费用合计数，或称作累计生产费用，有以下三种情况：

①该产品本月已经全部完工，没有月末在产品，则加工费用合计数等于本月完工产品加工总成本。如果月初没有在产品，则本月加工费用等于本月完工产品加工总成本。

②该产品本月全部没有完工，则加工费用合计数等于月末在产品加工成本。

③该产品既有已经完工的产品，又有正在加工的月末在产品，这时，需要将加工费用合计数在本月完工产品和月末在产品之间进行分配，以正确计算本月完工产品的实际总成本和单位成本。计算公式如下：

月初在产品加工成本 + 本月发生加工费用 = 本月完工成本 + 月末在产品加工成本

根据上述公式，本月完工产品加工成本为：

本月完工成本 = 月初在产品加工成本 + 本月发生加工费用 − 月末在产品加工成本

无论采用哪一种方法，各月末在产品数量和费用的大小，以及数量或费用变化的大小，对于完工产品成本计算都有很大影响。欲计算完工产品的成本，需取得在产品增减动态和实际结存的数量资料，因此必须正确组织在产品收发结存的数量核算。

2）在产品加工成本的计算。就像生产过程一样，流通加工也存在完工产品和期末在制产品。物流企业流通加工部门的在产品品种规格多，流动性大，完工程度不一致，所以在产品加工成本的计算是一个比较复杂的问题。物流企业应当根据在产品加工费用的投入程度、月末在产品数量的多少、各月月末在产品数量变化的大小、加工成本中各成本项目费用比重的大小，以及企业成本管理基础工作等具体情况，选择合理的在产品成本计算方法。流通加工部门的加工费用在完工产品与在产品之间的分配方法，与传统生产过程的生产成本在完工产品与在产品之间的分配方法类似。

第三节　配送成本优化

配送合理与否，不能简单判定，也很难有一个绝对的标准。采用专业设备、设施及操作程序，可以取得较好的配送效果并降低配送的复杂程度及难度，从而逐渐达到配送合理化。

一、不合理配送的表现形式

1. 资源筹措不合理

配送时，可以通过大批量筹措资源达到规模效益，降低资源筹措成本，使配送成本低于用户自己筹措资源的成本，从而取得优势。连锁企业如果不是集中多个用户需要批量筹措资源，而仅仅是为某个或某几个代购代筹，对用户来讲，就不仅不能降低资源筹措成本，相反却要多支付一笔配送企业的代筹代办费，因此是不合理的。资源筹措不合理还有其他表现形式，如配送量计划不准、资源筹措过多或过少、在资源筹措时不考虑建立与资源供应者之间长期稳定的供需关系等。

2. 库存决策不合理

连锁配送能够充分利用集中库存总量低于各用户分散库存总量的优势，从而大大节约社会财富，同时降低用户的实际库存负担。因此，配送企业必须依靠科学管理实现低总量库存，否则就会出现只是实现了库存转移，而库存总量没有降低的情况。配送企业库存决策不合理还表现在储存量不足，不能保证随机需求，使企业失去了应有的市场。

3. 配送价格不合理

总的来讲，配送的价格应低于不实行配送时，用户自己进货购买产品的价格加上自己提货、运输、进货的成本总和，这样才能使用户有利可图。有时，由于配送有较高服务水平，尽管价格稍高，用户也是可以接受的，但这不是普遍的原则。如果配送价格普遍高于用户自己进货的价格，损害了用户利益，就是一种不合理表现；配送价格过低，使配送企业处于无利或亏损状态下运行，会损害配送企业的利益，也是不合理的。

4. 配送与直达的决策不合理

一般的配送总是增加运送环节，同时降低用户平均库存水平，以此不但抵销了增加运送环节的支出，而且还能获得剩余效益。但是，如果用户使用批量大，则可以直接通过社会物流系统均衡批量进货，较之通过配送中转送货，可能更节约费用。所以，在这种情况下，不直接进货而通过配送，就属于不合理范畴。

5. 送货不合理

配送与客户自提相比具有优势，尤其是对于多个小客户来讲，可以集中配装一车送几家，相比一家一户自提大大节省运力和运费。如果不能利用这一优势，仍然采取一户一送，以致车辆达不到满载（即时配送过多、过频时会出现这种情况），则属于不合理运输。此外，不合理运输的若干表现形式在配送中均可能出现，会使配送变得不合理。

6. 经营观念不合理

在配送实施中，部分企业经营观念不合理，使配送优势无从发挥，这是开展配送时尤其需要注意克服的不合理现象。例如，配送企业利用配送手段，将资金、库存困难转嫁给用户：在库存过大时，强迫用户接货，缓解自己的库存压力；在资金紧张时，长期占用用户资金；在资源紧张时，将用户委托资源挪作他用获利等。

二、优化配送成本的途径

优化配送成本的途径主要有以下几种。

1. 利用标准成本法控制配送成本

（1）制定控制标准

成本控制标准是控制成本费用的重要依据，物流配送成本控制标准应按实际配送环节分项制定。

（2）揭示成本差异

配送成本控制标准制定后要与实际费用比较，及时揭示成本差异。差异的计算与分析也要与所制定的成本项目进行比较。

（3）成本信息反馈

成本控制中，成本差异的情况要及时反馈有关部门，以便及时控制与纠正。

2. 合理选择配送策略

（1）混合策略

混合策略是指配送业务一部分由企业自身完成，另一部分则外包给第三方物流企业完成。这种策略的基本思想是，尽管采用纯策略（即配送活动要么全部由企业自身完成，要么完全外包给第三方物流企业完成）易形成一定的规模经济，并使管理简化，但由于产品品种多变、规格不一、销量不等等情况，采用纯策略的配送方式超出一定限度时就不能获得规模效益。如果采用混合策略，合理安排企业自身完成的配送和外包给第三方物流企业完成的配送的比例，能使配送成本最低。

（2）差异化策略

差异化策略的指导思想是，产品特征不同，顾客服务水平也不同。当企业拥有多种产品线时，不能对所有产品都按同一标准的顾客服务水平进行配送，而应按产品的特点、销售水平设置不同的库存、不同的运输方式及不同的储存地点，忽视产品的差异性会增加不必要的配送成本。

例如，一家生产化学品添加剂的企业为降低成本，按各种产品的销售量比重进行分类：A 类产品的销售量占总销售量的 70%左右，B 类产品占 20%左右，C 类产品则占 10%左右。A 类产品在各销售网点都备有库存，B 类产品只在地区分销中心备有库存，而在各销售网点不备有库存，C 类产品连地区分销中心都不设库存，仅在工厂的仓库才有存货。经过一段时间运行，事实证明这种方法是成功的，企业的总配送成本下降了 20%。

（3）合并策略

合并策略包含两个层次，一个是配送方法合并，另一个则是共同配送。配送方法合并是指企业在安排车辆完成配送任务时，充分利用车辆的容积和载重量，做到满载满装。共同配送是一种产权层次上的共享，也称集中协作配送，是指若干家企业联合，集小量为大量，共同利用同一配送设施的配送方式。

（4）延迟策略

延迟策略常采用生产延迟（或称形成延迟）和物流延迟（或称时间延迟）的方法。延迟策略的基本思想是对产品的外观、形状及其生产、组装、配送应尽可能推迟到接到顾客订单后再确定，一旦接到订单就要快速反应。因此，采用延迟策略的一个基本前提是信息传递要特别快速。

一般来说，实施延迟策略的企业应具备以下几个基本条件：产品特征方面，模块化程度高，价值密度大，有特定的外形，产品特征易于表述，定制后可改变产品的容积或重量；生产技术特征方面，产品设计模块化，设备智能化程度高，定制工艺与基本工艺差别不大；市场特征方面，产品生命周期短，销售波动性大，价格竞争激烈，市场变化大，产品的提前期短。

配送中往往存在加工活动，所以实施配送延迟策略既可采用形成延迟方式，也可采用时间延迟方式。具体操作时，常常发生在诸如贴标签（形成延迟）、包装（形成延迟）、装配（形成延迟）和发送（时间延迟）等领域。

（5）标准化策略

标准化策略是指尽量减少因品种多变而导致产生附加配送成本，尽可能多地采用标准零部件模块化产品。例如，服装制造商按统一规格生产服装，直到顾客购买时才按顾客的身材调整尺寸大小。采用标准化策略要求企业从产品设计开始就要站在消费者的立场考虑怎样节省配送成本，而不要等到产品定型并生产出来后才考虑采用什么技巧降低配送成本。

3. 优化配送流程

配送是配送中心的核心环节。高效的配送需要的是配送调度和配送运输、交货等具体操作的整合优化。在专业化分工越来越细的经济环境下，物流配送流程优化的发展方向将趋向于利用集成供应链达到配送流程上、中、下游的连贯性，并降低各相关企业的物流成本。

4. 推广使用现代化信息技术

配送企业可以通过加强自动识别技术的开发与应用，提高进货和发货时商品检验的效率；可以采用自动化智能设备提高保管、装卸、备货和拣货作业的效率；可以采用先进的计算机分析软件优化配送运输作业流程，降低配送运输成本；可以采用解析法、线性规划法或静态仿真法对配送中心选址进行合理布局；可以采用车辆安排程序，合理安排配送运输的路线、顺序、积载等，降低成本。

5. 实行责任中心管理

随着企业规模的扩大，企业应把配送中心作为一个责任中心来对待，考虑划分若干责任区域，并指派下属经理（配送经理）进行管理。为了指导各责任中心管理者的决策，并评估其经营业绩和该中心的经营成果，企业实施责任中心管理的关键是制定一个业绩计量标准。总之，配送中心既要提高服务水平，又要降低配送运营总成本。其意义在于通过对配送成本的有效把握，利用物流要素之间的效益背反关系，科学、合理地组织物流活动，加强对配送活动过程中费用支出的有效控制，降低配送活动中物化劳动和活劳动的消耗，从而达到降低物流总成本、提高企业经济效益的目的。

降低配送成本会给企业带来三个方面的经济效益：一是在其他条件不变的情况下，降低配送成本意味着扩大了企业的利润空间，提高了利润水平；二是配送成本的降低

意味着增强了企业产品的价格竞争优势，企业可以利用相对低廉的价格出售自己的产品，从而提高产品的市场竞争力，扩大销售，并以此为企业带来更多的利润；三是配送成本的降低意味着企业可以用更少的资源投入和消耗创造出更多的物质财富，进而推动资源节约型企业的创建。

思考练习题

1. 什么是配送成本？配送成本有哪些特点？
2. 配送成本是如何构成的？
3. 不合理配送的表现形式有哪些？
4. 降低配送成本的配送策略有哪些？

案例分析

DHL 的共同配送实践

共同配送是经长期的发展和探索优化出的一种追求合理化配送的配送形式，在欧美一些国家已成为采用较广泛、影响面较大的物流方式。共同配送可以有效帮助缓解城市空气污染和交通拥堵等问题，提升城市形象，提高物流服务水平，减少缺货可能性，避免不必要的销售损失，降低“最后一公里”的配送成本，并提高物流提供商的专业化程度，从而促进城市物流产业升级。目前，我国各城市也都在大力倡导共同配送，但推行过程中有一些问题不容忽视。例如，不同的商品（日用品、食品、药品、服装等）特点不同，对仓储、分拣、配送等各物流环节的要求也不一样，共同配送存在一定难度。此外，共同配送往往需要商品供应商、集运中心、大型商贸零售企业等各方面的联系与合作，由于国内各企业的规模、理念等方面存在差距，很难协调一致，在一定程度上形成了阻碍。尽管问题众多，但共同配送作为一种理想状态的配送模式，无疑将引领我国城市物流发展的总体趋势。

作为全球物流行业的龙头企业，DHL 在城市物流领域也具有强大实力，目前 DHL 在欧美诸多国家已经有运作成熟的城市物流实施项目。

布里斯托（Bristol）城市集运中心是在与当地政府合作的基础上建立的，旨在服务拥挤的城市中心区域。集运中心的运作有益于改善空气质量、降低交通拥堵（尤其是中心城区）、缓解停车和货物装卸的压力，为城市居民提供安全的道路，为零售商店提供更多有益的服务，并提高当地居民和游客的生活品质。

集运中心的建立得到欧盟特别项目的支持，并被用来评估城市物流的价值。DHL在当地政府的授权下，负责集运中心的日常运营。集运中心当前共服务于64家不同类型的零售商，这些零售商贡献了布里斯托中心城区的大部分销售额。运营六年以来，集运中心在各个领域取得了显著的成就。一是为企业用户创造了价值，表现为实现100%的准时配送；为50%的零售商平均节省了约20 min的配送时间；节省配送相关活动的时间，帮助其集中在核心业务上；实现更高频率配送，降低商店库存，为零售商提供更多销售空间。二是为城市社区创造了价值，表现为减少了76%的零售商配送次数和264 000 km的运输里程；减少了30%的二氧化碳排放，改善了空气质量，同时降低了噪声污染；回收了26 400 kg的纸板和塑料包装材料；减少了城市区域的交通拥堵，降低了污染排放和交通事故风险；显著改善了配送工具管理不当的问题，降低了安全和健康隐患，避免了火灾事故的发生。

受到城市集运中心成功运营的鼓励，布里斯托的邻近城市巴斯（Bath）也加入了平台的运营服务，首批客户共包括16家零售商。此外，集运中心还不断扩大业务范围，不仅服务于零售行业，还为酒店、写字楼、医疗机构和公共部门提供相应的服务。

分析案例并回答下列问题：

1. 共同配送的优势有哪些？
2. 现阶段我国要实行集运中心运营还存在哪些问题？该怎么改善或解决？

第七章　物流成本绩效评价

【引导案例】

企业物流部门绩效考核

某区域性大型食品分销公司年销售额超过10亿元，业务范围主要集中在上海市及周围地区，原来公司的物流配送业务是由物流部负责的。公司在上海市郊设有一个配送中心，业务部门接到的订单被传递到配送中心，由物流部负责按照要求将货物配送到客户手中。

为了加强物流部门的经营意识，适应市场商流与物流分离的趋势，公司将原有的物流部与配送中心独立出来，成立了一家具有法人资格的物流公司，继续为该分销公司（母公司）提供物流服务，分销公司按照流转值的0.6%付给物流公司物流成本，这也构成物流公司的主要收入来源，收入的多少取决于分销公司的销售业务量。由于分销公司的业务量较大，物流公司没有精力再向外提供额外的物流服务。物流公司是一家独立的公司，因此既要提供财务报告，也要独立核算会计利润，并缴纳所得税。

基于以上资料，请思考：在物流部门独立之前，如何进行物流部门的财务考核？物流部门是一个的成本费用中心吗？能不能把物流部门当成一个利润中心进行内部利润考核？

第一节　物流成本绩效评价概述

一、物流成本绩效评价的概念

物流成本绩效评价是指按照一定的程序，借助物流成本评价指标，对企业在一定经营期间的经营效益和经营者的绩效进行财务分析，真实地反映物流成本效益现状，预测未来经营期间的发展潜力，并为物流成本控制和企业规划决策提供依据。

物流成本绩效评价是物流绩效评价的重要内容，其实质是对物流成本的效益进行分析，通过对物流财务指标的分析，力求比较全面地反映物流成本效益水平，为物流成本管理和决策提供依据。企业经营的目标是效益最大化，因此必须详细了解企业物流经营的各个方面，及时发现问题，挖掘潜力，为企业持续降低成本、不断提高效益奠定坚实的基础。

二、物流成本绩效评价的意义

1. 有利于正确评价以往的物流业绩状况

通过对实际物流成本等资料进行分析，能够准确地说明企业物流以往的业绩状况，指出企业物流的成绩和问题，以及产生问题的原因等，这对于正确评价企业物流过去的经营业绩是十分有益的。

2. 有利于全面评价物流企业的现状

管理者可应用综合反映企业各项经营活动的企业财务会计报表和管理会计报表等基础资料，并采用不同的分析手段和方法，得出反映企业物流现状的指标，如企业物流部门的资产结构指标、营运现状指标、物流活动应变能力指标等。

通过这些反映现状的指标，企业可以对物流活动进行全面评价，可以清楚地认识到企业物流活动的现状，有利于企业调整物流活动中多余的环节，节省人力、物力、财力，进而节省物流成本。

3. 有利于准确评价物流企业的潜力

企业物流活动的潜力是指在现有条件不变的情况下，企业对物流活动投入一定的资源而得到的最大产出，或者在产出不变的情况下，使企业对物流活动所投入的资源最小。企业可通过物流成本绩效评价挖掘企业物流活动的总体潜力，或物流管理环节中的潜力等，使企业总体利益最大化。

4. 有利于揭示企业物流活动的风险

经济活动中存在许多不确定因素，导致企业进行的任何活动都存在一定的风险，如投资风险、物流活动经营风险和财务风险等。经营者对各项物流活动进行细致的考核和评价，才能够清楚地知道目前企业的物流活动表现如何，企业的物流活动存在哪些方面的漏洞等，从而降低物流活动存在的风险。

三、物流成本绩效评价的原则

1. 整体性原则

绩效评价要反映整个物流系统的运营情况，不仅仅是某一个环节的运营情况，在设计评价指标和标准时，要着眼于整体的优化，不因为局部利益而损害整体利益。

2. 动态性原则

绩效评价要反映未来物流系统的运营情况，对未来的趋势进行预测，这就要求通过成本绩效评价预见未来趋势并做出正确的判断。

3. 例外性原则

物流活动涉及面广、内容较多。通过评价，要找到例外情况的存在，使管理人员将注意力集中到少数严重脱离预算的因素和项目，并对其进行深度分析。

四、物流成本绩效评价的步骤

1. 前期准备阶段

（1）建立绩效评价组织机构

绩效评价组织机构负责成立绩效评价小组，选择小组成员进行评价活动。一般来说，绩效评价组织机构还会从企业外部聘请有关的专家和学者加入评价小组，提高评价的科学性和可靠性。通常，评价成员应具备企业管理、物流管理和财务会计等方面的专业知识；评价成员必须熟悉物流成本绩效评价的流程，同时具有较强的综合分析能力；评价小组的组长应该在企业管理方面具有较为丰富的工作经验和较高的职业素质，并能秉公评价。

（2）制定物流成本绩效评价工作方案

1）明确绩效评价的目的。明确绩效评价的目的就是要明确为什么要进行绩效评价，是要评价物流成本业绩，还是要进行投资决策，或者是要制定未来经营策略。只有明确了绩效评价的目的，才能正确地收集整理资料，选择正确的分析方法，从而得出正确的结论。

2）确定绩效评价的对象。一般来说，企业进行绩效评价的对象为企业和员工。其中，员工主要是指经营管理者。明确绩效评价的对象可以使执行者有针对性地收集资料，节省不必要的收集成本，进而提高评价的效率。

3）确定物流成本绩效评价指标。进行绩效评价必须建立在科学合理的评价指标的基础上，而评价指标的选择对绩效评价的整体效果至关重要。物流成本绩效评价指标主要有财务方面的评价指标和非财务方面的评价指标两大类。其中，财务方面的指标有物流效益指标、物流作业评价指标等，非财务方面的指标有顾客保持率、顾客满意度等。

4）确定物流绩效的评价方法。物流绩效的评价方法对最终的绩效评价结果有很大的影响。好的评价方法不仅可以使评价结果更为客观、科学和准确，而且可以揭示物流活动中存在的问题，还可以发掘物流活动的发展潜力。

5）确立成本绩效评价的标准。针对不同的分析目标，其分析评价标准也是不同的。有的可采用绝对标准，有的可采用相对标准，有的可采用历史标准，有的可采用预算标准等。

确立的成本绩效评价标准应该是评价对象经过努力之后能达到的考核标准。这些标准不能过低，以免使评价对象轻松达到，也不能过高，以免打击评价对象的积极性。

（3）收集整理基础资料和数据

企业在制定完绩效评价的工作方案后，要根据工作方案的要求收集具体物流活动的基础数据，并对所获数据及信息进行加工、整理，提炼出用于物流成本绩效评价的信息。

在做好基础工作的前提下，从横向比较上分析，物流成本绩效评价小组还应该收集同行业在进行物流成本绩效评价时采用的评价方法和评价标准，及时了解同行业的物流成本绩效评价现状；从纵向比较上分析，物流成本绩效评价小组还应该收集企业历年的绩效评价报告及相关信息，为当前的物流成本绩效评价活动提供参考意见。

2. 进行评价阶段

（1）应用物流成本绩效评价方法

进行绩效评价的方法有很多，如平衡计分卡法、标杆法等。究竟采用哪种方法进行绩效评价，要综合考虑企业进行物流成本绩效评价的目标、所拥有的人力资源，以及企业收集数据的具体情况。

（2）进行绩效评价工作

评价小组应根据制定的绩效评价工作方案，应用所收集的相关资料和数据，采用合适的评价方法，客观地对评价对象进行评价。

3. 后期处理阶段

（1）得出绩效评价结论

绩效评价结束后，要及时总结绩效评价的结果。对于绩效评价好的物流活动，应总结经验，为其他的物流活动提供一些参考意见；对于绩效评价不好的物流活动，应

找出问题所在，有针对性地提出解决方案，达到绩效评价的最终目的。

（2）撰写绩效评价报告

总结出物流成本绩效评价的结果后，应以书面报告的形式呈递给相关部门的负责人。该报告的内容应包括绩效评价的基本问题、成本绩效分析结论，以及针对问题提出的措施、建议等。

成本绩效评价报告不仅可以作为对成本绩效工作的总结，还可作为历史资料，供以后的成本绩效评价参考，保证绩效评价的连续性。

第二节 物流成本绩效评价指标体系

一、物流成本效益评价指标

物流成本效益评价指标是以企业的整体物流成本为依据，通过计算物流成本和其他要素的关系，分析和评价企业物流活动水平的指标。该指标为企业优化物流系统设计及提高物流效益提供了重要的依据。常用的物流成本效益评价指标主要有以下几种。

1. 物流成本率

物流成本率计算公式如下：

$$物流成本率 = 物流成本 \div 销售额 \times 100\%$$

使用该指标时，是把物流部门作为独立的利润中心进行考核的，该指标用来说明单位销售额需要支出的物流成本。

公式中的物流成本是完成物流活动所发生的真实成本，包括采购成本、库存成本、配送成本、运输成本和包装成本等。该指标值越高，则其对价格的弹性越低，说明企业单位销售额需要支出的物流成本越高。从历年数据中可以大体了解其动向，通过与同行业和外行业进行比较，可以进一步了解企业的物流成本水平。但该比率受价格和交易条件的变化影响较大，因而存在一定的缺陷。

2. 单位物流成本率

单位物流成本率计算公式如下：

$$单位物流成本率 = 物流成本 \div 企业总成本 \times 100\%$$

使用该指标进行分析时，是把物流部门作为成本中心进行考核的，该指标用来评价企业物流成本占企业总成本的比重。这是考核物流成本占总成本比率的一个指标，一般用于考核企业内部的物流合理化水平或检查企业的物流指标是否合理。该指标越大，说明物流成本占企业总支出的比重越大。该指标过大时，应分析原因，找出改进的方法。

3. 单位营业费用物流成本率

单位营业费用物流成本率计算公式如下：

单位营业费用物流成本率 = 物流成本 ÷（销售费用 + 一般管理费用）× 100%

该指标用来分析物流成本占营业费用的比重。公式中的物流成本指的是物流活动的全部成本；销售费用是指企业销售过程中发生的全部支出，一般管理费用是指企业日常经营过程中发生的支出。通过该指标可以判断企业物流成本的比重，且不受进货成本变动的影响。该指标适合作为企业物流过程合理化的评价指标。

4. 物流功能成本率

物流功能成本率计算公式如下：

物流功能成本率 = 物流职能成本 ÷ 物流总成本 × 100%

使用该指标时，企业应合理划分企业的物流职能，采用切实可行的方法计算出各项物流职能的成本，为提高物流过程的管理水平提供依据。该指标可以计算出包装费、运输费、保管费、装卸费、流通加工费、信息流通费、物流管理费等各物流职能成本占物流总成本的比率，为企业物流成本控制提供依据。

5. 产值物流成本率

产值物流成本率计算公式如下：

产值物流成本率 = 物流成本 ÷ 企业总产值 × 100%

该指标用来分析企业创造单位产值需要支出的物流成本，是一定时期生产一定数量产品过程中物流成本占总产值的比率。该指标反映了物流过程所耗费的经济成本，企业投入产出率高，物流成本耗费低，该指标的值就越低。

6. 物流成本利润率

物流成本利润率计算公式如下：

物流成本利润率 = 利润总额 ÷ 物流成本 × 100%

该指标表明在物流活动中，耗费一定量的资金所获得的经济利益的水平。它是分析一定时期生产和销售一定数量产品所发生的物流成本与所获得的利润总额的比率。该指标高，说明市场竞争能力强，产品成本水平低，盈利能力强。但该指标受众多因素的影响，主要有销售产品的价格、销售数量、销售税金及附加、其他业务利润、营

业外收支、产品的结构，以及各功能物流成本的大小等。

7. 物流效用增长率

物流效用增长率计算公式如下：

$$物流效用增长率 = 物流成本本年比上年增长率 \div 销售额本年比上年增长率 \times 100\%$$

该指标用来分析物流成本变化和销售额变化的关系，说明了物流成本随销售额变化的水平。该指标合理的比例应该小于 1，如果比例大于 1，说明物流成本的增长速度超过了销售额的增长速度，应引起重视。

二、物流作用评价指标

1. 进出货作业评价指标

常用的进出货作业评价指标主要包括处理进出货物的效率和每台进出货设备的效率两类。

（1）处理进出货物的效率

进货是货物进入仓库的第一个环节，而出货是仓储管理的最后一个环节，因此，进出货物的效率直接影响其他物流环节的工作效率。处理进出货物的效率主要通过进 / 出货处理率和进 / 出货时间率来衡量，计算公式如下：

$$进/出货处理率 = \frac{进/出货量}{进/出货人员数 \times 每日进/出货时长 \times 工作天数}$$

$$进/出货时间率 = \frac{每日进/出货时间}{每日工作时长}$$

（2）每台进出货设备的效率

该类指标包括每台进出货设备的装卸货量和每台进出货设备的每小时装卸货量，分别用来评价每台进出货设备的工作量和工作效率，计算公式如下：

$$每台进出货设备的装卸货量 = \frac{进货量 + 出货量}{装卸设备数} \times 工作天数$$

$$每台进出货设备的每小时装卸货量 = \frac{进货量 + 出货量}{装卸设备数 \times 工作天数 \times 每日进出货时长}$$

2. 仓储评价指标

（1）可供保管面积率

该指标用来评价储区内的通道规划是否合理，计算公式如下：

$$可供保管面积率 = \frac{可保管面积}{储区面积}$$

（2）单位面积保管量

$$单位面积保管量 = \frac{平均库存量}{可保管面积}$$

（3）库存掌握程度

该指标用来评价产品实际库存与标准库存的比率是否恰当，计算公式如下：

$$库存掌握程度 = \frac{实际库存量}{标准库存量}$$

3. 盘点作业评价指标

（1）盘点数量误差率

该指标用来评价库存管理优劣，为以后是否改变盘点方式或加强管理提供依据，计算公式如下：

$$盘点数量误差率 = \frac{盘点误差量}{盘点总量}$$

（2）盘点品种误差率

该指标有助于分析盘点误差产生的原因，计算公式如下：

$$盘点品种误率 = \frac{盘点误差品种数}{盘点实施品种数}$$

4. 物流订单作业评价指标

常用的物流订单作业评价指标主要包括订单基本指标、订单延迟指标和缺货指标三类。

（1）订单基本指标

此类指标用来观察订单每天的变化情况，企业可据此拟定客户管理策略及业务发展方向。常用的订单基本指标有平均每日来单数、平均客户订单数、平均每订单包含货物数和平均客户订单价值，计算公式如下：

$$平均每日来单数 = \frac{订单数量}{工作天数}$$

$$平均客户订单数 = \frac{订单数量}{客户总数}$$

$$平均每订单包含货物数 = \frac{出货量}{订单数量}$$

$$平均客户订单价值=\frac{营业额}{订单数量}$$

（2）订单延迟指标

该类指标主要有订单延迟率和订单货量延迟率两项。其中，订单延迟率用来评价交货情况，订单货量延迟率用来评价企业是否应该对部分客户实施重点管理，计算公式如下：

$$订单延迟率=\frac{延迟交货订单数量}{订单数量}$$

$$订单货量延迟率=\frac{延迟交货量}{订单数量}$$

（3）缺货指标

该类指标主要有缺货率和出货短缺率两项。其中，缺货率反映存货控制决策是否恰当，是否应该调整订购点与基准订购量；出货短缺率是指交货后发现的货品短少比率，它反映了出货作业的精确度，计算公式如下：

$$缺货率=\frac{接单缺货量}{出货量}$$

$$出货短缺率=\frac{出货后短缺量}{出货量}$$

5. 拣货作业评价指标

拣货作业评价指标主要包括拣货投资指标和拣货成本指标两项。

（1）拣货投资指标

该类指标用来衡量企业对拣货作业的投资程度，评价设备贡献，常用的有拣货人员装备率和拣货设备成本产出率，计算公式如下：

$$拣货人员装备率=\frac{拣货设备成本}{拣货人员数}$$

$$拣货设备成本产出率=\frac{出货货物总体积}{拣货设备成本}$$

（2）拣货成本指标

该类指标将投入拣货成本与产出拣货效益进行比较，用来衡量拣货成本效益。常用的有每订单投入拣货成本、每订单笔数投入拣货成本、每次取货投入拣货成本和每体积投入拣货成本，计算公式如下：

$$每订单投入拣货成本=\frac{拣货投入成本}{订单数量}$$

$$每订单笔数投入拣货成本=\frac{拣货投入成本}{订单总笔数}$$

$$每次取货投入拣货成本=\frac{拣货投入成本}{取货总次数}$$

$$每体积投入拣货成本=\frac{拣货投入成本}{出货货物总体积}$$

6. 物流作业整体评价指标

物流作业整体评价指标主要包括人员指标、固定资产周转指标、进出货平衡指标、每天营运金额指标、营业成本与营业额指标等。

（1）人员指标

使用该类指标可以了解人员对企业的营运贡献是否合理，观察商品的价格趋势等，常用的有人员生产量和人员生产率，计算公式如下：

$$人员生产量=\frac{出货量}{企业总人数}$$

$$人员生产率=\frac{营业额}{企业总人数}$$

（2）固定资产周转指标

该指标用来衡量固定资产的运作绩效，评价所投资的资产是否充分发挥效用，计算公式为：

$$固定资产周转率=\frac{营业额}{固定资产总额}$$

（3）进出货平衡指标

该指标用来衡量企业运行是否基本正常，计算公式如下：

$$进出货平衡率=\frac{出货量}{进货量}$$

（4）每天营运金额指标

该指标用来衡量企业营运物流过程的稳定性，计算公式如下：

$$每天营运金额=\frac{营业额}{工作天数}$$

（5）营业成本与营业额指标

该指标用来衡量企业营业支出占营业额比率是否过高，计算公式如下：

$$营业成本占营业额比率=\frac{营业成本}{营业额}$$

三、非财务评价指标

1. 顾客服务绩效指标

常用的顾客服务绩效指标有顾客保持率、新顾客吸引率和顾客满意度等。

（1）顾客保持率

该指标表明企业的现有顾客是否愿意继续与企业保持业务往来，该指标越高，说明企业的物流服务水平和质量越高，计算公式如下：

$$顾客保持率=\frac{本期老顾客数量}{上期顾客总数量}$$

（2）新顾客吸引率

该指标主要反映企业通过物流活动吸引新顾客的能力，在某种程度上能够体现企业的综合管理水平和物流竞争能力，计算公式如下：

$$新顾客吸引率=\frac{本期新获得的顾客数量}{本期顾客总数量}$$

（3）顾客满意度

该指标用来反映顾客对企业通过物流活动所提供的产品或服务的满意程度，计算公式如下：

$$顾客满意率=\frac{本期满意顾客数量}{本期顾客总数量}$$

2. 市场影响力指标

常用的市场影响力指标有市场占有率、市场增长率和市场应变能力等。

（1）市场占有率

该指标主要反映企业产品或服务在同行业中的竞争力，是企业在其目标市场所占的比重，计算公式如下：

$$市场占有率=\frac{本企业产品（或服务）所占市场份额}{同类产品（或服务）的市场总份额}$$

（2）市场增长率

该指标反映了企业的发展情况，计算公式如下：

$$市场增长率=\frac{本期市场销售量-前期市场销售量}{前期市场销售量}$$

（3）市场应变能力

该指标是一个定性指标，是指企业对市场需求变化的敏捷反应能力和对顾客需求变化的柔性反应能力。通常采用强制打分法，请企业相关人员或专家进行评价。

3. 物流活动绩效指标

常用的物流活动绩效指标有物流准时率、物流准确率和物流安全率等。

（1）物流准时率

该指标反映企业物流活动的时间协调能力，计算公式如下：

$$物流准时率=\frac{准时完成的物流工作量}{物流活动的总工作量}$$

（2）物流准确率

该指标是对企业物流各项活动过程中工作准确性的描述，反映企业物流活动与企业顾客之间的物流关系协调能力，计算公式如下：

$$物流准确率=\frac{准确完成的物流工作量}{物流活动的总工作量}$$

（3）物流安全率

该指标反映了企业在进行物流活动时安全完成物流过程的比率，计算公式如下：

$$物流安全率=\frac{安全完成的物流工作量}{物流活动的总工作量}$$

4. 学习绩效指标

常用的学习绩效指标有人员素质指标、员工培训率、新技术开发能力和物流流程再造能力等。

（1）人员素质指标

该指标用于反映企业物流人员的学习能力、创新能力等，属于定性指标，可以由领导直接进行评价打分，也可以定期进行相关考核。

（2）员工培训率

该指标反映企业培训员工的覆盖率，计算公式如下：

$$员工培训率=\frac{每年参加培训的员工数量}{员工总数量}$$

（3）新技术开发能力

该指标反映了企业研发部门的工作成效，不仅能够反映企业的科研能力和财务实力，而且能够反映企业在整个行业中的整体技术水平。该指标可以用每年技术引进和改进的总次数表示，也可以根据企业在同行业中的水平进行打分。

（4）物流流程再造能力

该指标反映了企业对物流流程的改进和再造能力，可以用每年流程改进和再造次数表示。

第三节　基于平衡计分卡法的物流企业综合绩效评价

传统的物流绩效评价系统侧重于静态的财务业绩评价，随着物流活动日益复杂化，单纯的财务指标已经难以全面地评价企业物流部门的经营业绩。20 世纪 90 年代以来，一些大企业发现传统的财务业绩指标和方法已经越来越阻碍企业物流业务的发展，存在重短期利益轻长期利益、重局部利益轻全局利益等诸多缺陷。因此，人们提出了将财务指标与非财务指标相结合的绩效评价方法，如平衡计分卡法、ABC 成本核算法、EVA 评价法等。本节将运用平衡计分卡法的基本原理分析物流企业的综合绩效评估指标体系。

一、平衡计分卡法概述

1. 平衡计分卡法的含义

平衡计分卡法最突出的特点是：将企业的远景、使命和发展战略与企业的绩效评估系统联系起来，把企业的使命和战略转变为具体的目标和评测指标，以实现战略和绩效的有机结合。平衡计分卡法以企业的战略为基础，并将各种平衡方法整合为一个有机的整体，主要从四个方面观察和评估企业绩效，如图 7–1 所示。

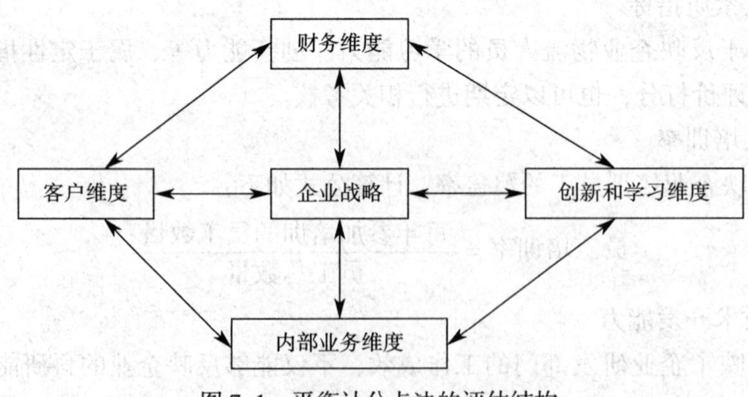

图 7–1　平衡计分卡法的评估结构

（1）财务维度

该部分是从传统的财务绩效评估体系中转化而来的，通过设置一系列财务指标确认企业的战略及其执行是否有助于利润的增加，企业财务目标是否实现。典型的财务目标包括盈利、股东价值实现与增长。

（2）客户维度

该部分运用各种方式、包括自己组织或委托第三方进行客户调查，从交货时间、新产品上市时间、产品质量性能和服务等方面了解客户对企业的评价，并将此评价与其他竞争者进行比较。这样使企业与客户建立直接的联系，实现较高的市场反馈水平，有助于提高市场份额。

（3）内部业务维度

要满足客户要求，必须要求企业内部组织中有一套有效的程序、决策和行为。该部分通过设置一系列内部测量指标，及时反馈影响客户评价的程序、决策和行为是否有效。该部分指标的设置向企业所有成员清楚无误地传达了与客户建立紧密关系并满足客户要求的重要性。

（4）创新和学习维度

创新和学习能力包括企业技术领先能力、产品成熟所需时间、开创新市场能力和对竞争对手新产品的灵敏程度。以客户为基础的测评指标和内部测评指标确定了企业在竞争中取胜的重要参数。但是，在全球化、信息化的激烈竞争中，不断改进和创新是公司实现发展的前提。

2. 平衡计分卡法的实施步骤

（1）确定企业的目标及策略，确定的目标要对部门具有实际指导意义。

（2）成立平衡计分委员会或小组，负责根据企业目标及策略建立评价指标。

（3）建立物流成本绩效评价指标体系，包括财务、客户、内部业务、创新与学习四个方面的指标。指标体系确立后，还要根据不同时期的特点灵活确定各指标的权重。

（4）利用刊物、电子邮件、公告栏、标语、会议等多种形式，让各层管理者知道自己的使命、目标、策略与评价指标。

（5）确定合理的奖惩制度，然后根据物流活动的各个指标值进行绩效评价。

（6）企业物流绩效综合评价结束后，总结评价结果，同时，对参与评价的部门进行跟踪反馈，发现问题及时反馈给各个物流活动的相关部门，以便进行调整和修正。

二、基于平衡计分卡法的企业综合绩效评估指标

与传统的财务导向的指标相比，如果能够识别与战略目标实现相关的关键绩效指

标，并以这些指标为基础，就可以建立相应的衡量绩效的平衡计分卡法。平衡计分卡将任务与战略转化为目标和衡量指标，强调非财务指标的重要性，主要从财务、客户、内部业务过程学习和成长四个方面衡量绩效。依照平衡计分卡法的框架，对物流企业的绩效评价也从以下四个方面进行研究。

1. 财务绩效评估指标

财务绩效评估指标显示了物流企业的战略及其执行对于股东利益的影响。企业的主要财务目标涉及盈利、股东价值实现和增长，相应地将其财务目标简单表示为生存、成功和价值增长。生存目标的评估指标有现金净流量和速动比率，成功目标的评估指标有权益净利率，价值增长目标的评估指标为相对市场份额增加额。平衡计分卡的财务绩效衡量显示企业的战略及其实施和执行是否正在为最终经营结果的改善做出贡献。常见的指标包括资产负债率、流动比率、速动比率、应收账款周转率、存货周转率、资本金利润率、销售利税率等，具体的评价目标和指标见表 7–1。

表 7–1　　物流企业平衡计分卡法（财务）

目标	评价指标	可量化模型
生存	现金净流量	业务进行中的现金流入 – 现金流出
	速动比率	（流动资产 – 存货）/ 流动负债
成功	权益净利率	净利润 / 平均净资产
价值增长	相对市场份额增加额	物流业务在规定评价期内的业务增加额 / 在规定的评价期内同行业企业总收入增加额

注：上述评价指标的设计以属于投资中心的物流部门为例。

财务层面的绩效评估涵盖了传统的绩效评估方式，但是财务层面的评估指标并非唯一的或最重要的，它只是企业整体发展战略中不可忽视的一个要素。

2. 客户层面绩效评估指标

物流企业的经营不仅是为了获取财务上的直接收益，还要考虑战略资源的开发和保持。这种战略资源包括外部资源和内部资源，外部资源即客户。

客户层面的绩效是企业赖以生存的基础，具体要从企业进行客户开发的业绩和从客户方面的获利能力来衡量，一是客户对物流服务满意度的评价，二是企业的经营行为对客户开发的数量和质量的评价。平衡计分卡的客户衡量包括客户满意程度、客户忠诚度、客户获得、获利能力和在目标市场上所占的份额。具体的评价目标和指标见表 7–2。

表 7–2　　物流企业平衡计分卡法（客户）

目标	评价指标	可量化模型
市场份额	市场占有率	客户数量、产品销售量
保持市场	客户保持率	保留或维持同现有客户关系的比率
拓展市场	客户获得率	新客户的数量或对新客户的销售量
客户满意	客户满意程度	客户满意率
客户获利	客户获利能力	份额最大客户获利水平、客户平均获利水平

3. 内部业务绩效评估指标

内部业务流程方面，内部经营过程衡量方法重视的是对客户满意程度和实现组织财务目标影响最大的那些内部过程。企业物流的内部业务业绩来自企业的核心竞争力，即如何保持持久的市场领先地位、较高的市场占有率和营销的方针策略等。企业应当明确自己的优势，如高质量的产品和服务、优越的区位、资金的来源、优秀的管理人员等。

平衡计分卡法把革新过程引入内部经营过程之中，要求企业创造全新的产品和服务，满足现有和未来目标客户的需求，这些过程能够创造未来企业的价值，提高未来企业的财务绩效。具体的评价目标和指标见表 7–3。

表 7–3　　物流企业平衡计分卡法（内部业务）

<table>
<tr><th colspan="2">目标</th><th>评价指标</th><th>可量化模型</th></tr>
<tr><td colspan="2">价格合理</td><td>单位进货价格</td><td>每单位进货量价格</td></tr>
<tr><td rowspan="3">服务质量高</td><td>可得性</td><td>存货可得性</td><td>缺货率、供应比率、订货完成率</td></tr>
<tr><td>作业绩效</td><td>速度、一致性、灵活性、故障与恢复</td><td>完成订发货周期速度按时配送率、配送需求满足时间、次数、退货更换时间</td></tr>
<tr><td>可靠性</td><td>按时交货率、对配送延迟的提前通知、延迟订货发生次数</td><td>按时交货次数 / 总业务数、配送延迟通知次数 / 配送延迟发生次数、延期订货发生次数</td></tr>
<tr><td rowspan="2">资源配置合理</td><td>硬件配置</td><td>网络化（采用 JIT、MRP 等物流管理系统的客户）</td><td>使用网络化物流管理的客户数 / 所有客户数</td></tr>
<tr><td>软件配置</td><td>优秀人员（完成规定任务的时间、质量，以及专业教育程度）</td><td>雇员完成规定任务的时间、雇员完成规定任务的差错率、接受过专业物流教育的雇员数</td></tr>
</table>

4. 创新与学习层面绩效评估指标

创新与学习层面强调企业不断创新，并保持其竞争能力与未来发展势头，因此，无论是管理层还是基层员工，都必须不断学习，不断推出新的物流产品和服务，并且

迅速有效地占领市场。不断地学习业务和创新会不断地为客户提供更多高价值的产品，降低运营成本，提高企业经营效率，扩大市场，找到新增附加值的机会，从而增加股东价值。物流企业创新和学习绩效评估目标和指标见表 7–4。

表 7–4　　物流企业平衡计分卡法（创新与学习）

目标		评价指标	可量化模型
员工学习	信息系统方面	员工获得足够信息	成本信息及时传递给一线员工所用的时间
	员工能力管理方面	员工能力提高，激发员工的主观能动性和创造力	员工满意率、员工保持率、员工培训次数
	调动员工参与积极性	激励和权利指标	员工建议数量、员工建议被采纳或执行的数量
业务学习创新		信息化程度、研发投入	研发费增长率、信息系统更新投入占销售额的比率 / 同行业平均更新投入占销售额比率

将平衡计分卡法应用于物流企业绩效衡量，其重点是根据物流企业本身的特点和物流客户需求的特点，设定恰当的评估指标，从而提出一个全面衡量物流企业绩效的方法体系。采用这种全方位的分析方法，就是在物流企业的经营绩效与其竞争优势的识别之间搭建一座桥梁，这必将有利于物流企业的战略成长。

思考练习题

1. 什么是物流成本绩效评价？如何实施物流成本绩效评价？
2. 物流成本绩效评价的原则是什么？
3. 物流成本绩效评价指标有哪些？
4. 平衡计分卡法从哪些方面设计绩效评价指标？

案例分析

DHL 的绩效管理

相对于顺丰、申通、圆通、中通等快递企业，DHL 在硬件设施、市场需求量和成本方面并不占有优势，但其仍在中国拥有非常大的快递服务网络，究其原因，是 DHL 的软实力发挥着巨大作用。

其一，DHL 公司上下级之间，管理层和基层之间沟通渠道顺畅，有着便捷的反馈系统。该公司先是召集区域负责人及某些优秀员工建立了企业绩效评价体系的 BSC 框架（平衡计分卡）与KPI（关键绩效指标），接着又实行“两条腿走路”，一是小组成员每周集合一次，二是采取公司内部网上不记名提建议的方式集思广益，询问员工的想法。该公司经常与新老员工进行沟通，通过各种渠道向员工宣传新体系。因此，改革绩效的成果是通过民主地征集上下级意见产生的。

其二，DHL公司相比国内企业，拥有更为明确的战略目标和经营理念。DHL公司首先建立了公司的愿景战略——做市场的领导者。同时提出，为了实现这个愿景，公司必须向客户提供最佳服务，同时在保证质量的前提下做成本最低的服务提供商。在公司整体战略下，管理层为分公司制定战略目标。这些为后来的BSC综合KPI绩效评价体系提供了方向，使新的绩效评价体系与公司的营销发展战略相匹配。试想，如果DHL公司只追求短期的财务指标，而不注重长期的目标和利益，那么它的绩效考核就只会围绕财务和操作数据展开，从而造成只见树木不见森林的困境。因此，DHL公司的营销发展战略对整个企业的运行方向和业绩考核都有至关重要的影响。

其三，DHL公司拥有强烈的竞争意识和创新精神。当公司出现销售人员积极性不高、有效沟通不足、市场推进缓慢等问题时，管理层会冷静地反思公司存在的问题，全面分析竞争激烈的外部原因和绩效评价体系反映出的内部问题，并积极组建新的绩效评价体系。

分析案例并回答下列问题：

1. DHL公司是如何实行企业绩效管理的？

2. 试着查找我国物流企业绩效管理模式，并与DHL公司的模式进行比较。